沖縄の教師の語り

嘉納　英明

沖縄の教師の語り

はじめに

近年、全国的に教職の人気が落ち、採用試験の倍率が低下している。小学校教師の採用試験の倍率が2倍を切って、危機的な状況を迎えている自治体もある（打開策として、文科省の諮問機関である中央教育審議会特別部会は、処遇改善や残業削減といった教員確保策の提言をまとめたが、その内容に対して、学校現場からの批判は強い）。沖縄でも採用試験の志願者数は減少傾向であるが、それでも、教師を含む公務員人気は根強く、競争倍率も他県と比較すると依然として高い。県内には、公務員並み、あるいはそれ以上の待遇の良い仕事がなかなか見つからない、というのが主な理由である。ただ、一方で、臨時の教師は不足がちである。総数としての人材が不足しているし、また、小学校に増設された特別支援学級に人材が配置されたりして、学級担任が見つからないということも現に起こっている。学校や教師をめぐる問題は山積しているところであるが、ここで、教師が集う職員室に立ち入ってみておきたい。

職員室をのぞくと、校長、教頭、教務主任という学校3役の他に、本務の教師が多数を占めている。校長は校長室で執務をこなし、教頭や教務主任は職員室の中央に陣取り、黒板の行事表を背にしながらせわしそうである。職員との調整や外部からの電話、来客の対応、細々とした事務である。職員室には、退職間近の教師もいれば、大学を卒業したばかりの若い教師もいる。民間で働いていたが、採用試験にチャレンジして本採用になった者、臨時教師を続けながら、毎年、採用試験を受け続けている者もいる。結婚し、子どももいるが、夫婦共々臨時で生計を立てている者もいる。出身も経歴もまったく異なる者が、学校という教育組織の中で一日の大半を過ごしている。

県外出身の教師もずいぶんと増えた。県外出身の教師が増えたのは、1972（昭和47）年5月の沖縄の日本復帰以降である。なぜなら、沖縄と本土の行き来でパスポートがいらなくなったからである。琉大は、県外の有能で若い人材を沖縄に呼び寄せる磁石のような役割を果たしてきた。というのは、琉大は米軍が創設し、復帰時は琉球政府立であったが、復帰を境に、国立大学に移管した。国立大学で最も偏差値の低い琉大は、県外の受験生にとって〝穴場〟であり、九州をはじめとして全国から若い人材が集まった。そして、卒業後、沖縄の教師になった者もいる。最近は、県外出身の者が、県外の大学を卒業後、沖縄県の採用試験を受けて、沖縄の教師になる者もいる。私の知り合いに、九州出身の20代の女性教師がいるが、彼女に沖縄に来た理由を聞くと、「沖縄が好きで、就職先は、沖縄と決めていた」と笑った。ダイビングが好きな快活な教師である。県外出身の教師が増えたことを強く感じるのは、3月の校長・教頭の人事異動（氏名・

学校記載）の新聞の紙面を広げた時である。県外出身ではないかと思われる名字が明らかに増えた。

職員室は、様々な生活背景をもつ者が集う場である。教師の声に耳を傾けると、人間臭いドラマや興味深い話題が満載である。学級の子どもの生活や保護者からのクレーム対応のこと、旅行や恋愛、趣味や習い事、土地や住宅購入の話などである。出会いを求めてマッチングアプリや合コン・街コンの話、たわいのない話もある。同じ学年を組む同僚との関係で悩む者もいる。授業では見せない生活者・教師の素顔や生の声である。私の連れ合いは、小学校の教師であり、時々、教師仲間を自宅に招いている。話のネタはつきない。3時間でも4時間でも談笑している。

私は、大学の教員として、「教職概論」や「教育原理」などの教職科目を担当し、教員免許状の取得方法や教育実習の実際、学校現場の状況を伝えてはいる。しかし、その中身は、教職課程の枠組みの内容であり、いわば教科書的なものである。生活者である教師のドラマやストーリーを伝える機会にはなっていない。時折、授業で現場教師の本音を紹介すると、学生の表情は一変する。学生は、教師のリアルな声や本音、生活ぶりを知りたいのだろう。

この小さな本は、15名の沖縄の教師の声を紡いだものである。小学校の教師を中心とした語りの紹介である。県外出身であるが縁があって沖縄の教師になった者、様々な職種を経てきて教師になった者、臨時教師をずっとやってきた者、理想と実際の学校生活のなかで葛藤を覚える者、定年まで組合活動に汗を流してきた教師もいる。これらの教師は、それなりの思いや熱意、悩みや葛藤を抱えながら、毎朝、学校に向かい、子どもの前に立っている。そうした教師の思いや熱意、悩みや葛藤はどのようなものだろうか。何に悩み、葛藤を抱えながら教職を営んでいるのだろうか。私は、どの学校にもいる等身大の姿を描きたいと考え、6年程前から、現職の教師や元教師のもとへ出かけ、その声に耳を傾けてきた。話し手は、私が小学校の教師だった頃の同僚や先輩、後輩、研究会の仲間、紹介して頂いた方などである。大学を卒業したばかりの臨時の教師もいれば、定年退職をして20年余も経った元教師もいる。この本は、沖縄で生活し、沖縄の学校に勤めた教師にスポットをあて、それぞれのおかれた立場で感じたことや考えたことを率直に話して頂き、それを記録したものである。読者の皆さんは、彼らの声に耳を傾けると、等身大の教師の様々な見方、考え方にふれ、生活者たる教師に親近感が湧くのではないかと思う。

最後になったが、貴重なお話を聞かせて頂いた現職の教師や元教師にお礼を申し上げたい。何かとせわしい日々の中、長時間のインタビューに時間を割いて頂いた。厚くお礼を申し上げたい。どうもありがとうございました。

2024年6月9日　梅雨の晴れ間

嘉納英明

学校教育目標
・すすんで学ぶ子
・心のやさしい子
・ねばりづよい子
・体のじょうぶな子
心をそろえる
12/14 働く人とわたしたちのくらし
め さとうきびはどのように作られているのだろうか。
さいばい方法
春植
2月から植えつけし、1年後にしゅうかく
夏植
かぶ出し
○黒とう ○さとう ○小麦粉 ○卵
○牛にゅう ○油
さとうきび
さとうきび植えつけ
12月 1月 2月
3月 4月 5月
かり入れ
1月 2月 3月
10月 11月 12月
ま さとうきびは、多くの食材に使われ、のうかさんが手まをかけて大切に作られている。

コラム

カリスマ教師

　私が小学校教師として採用された学校には、カリスマ教師がいた。子どもや保護者から圧倒的な支持を得ている30代の教師である。部活動（スポーツ少年団）の顧問をしていたが、「運動部」と称していた。基本的にはミニバスケットを指導していたが、5月のプール開きの後は水泳指導を行い、涼しくなってくるとグランドに出て陸上競技の指導を行っていた。バレーボールの指導も得意であった。「小学生の時に様々なスポーツに接して、中学校に行ってから好きなものを選べばいい」という考えだ。「運動部」は、バスケットのみの練習ではないので、地区の優勝争いにからむことはなかったけれど、毎年、なかなかの健闘をみせた。困窮世帯の子どもに配慮して、ユニフォームはそろえなかった。選手は、体育着にゼッケン（番号）をつけたり、緑色のチョークで背番号を書いたりして出場していた（事前に大会事務局に許可をとっていたのであろうか）。

　カリスマ教師は、教員採用試験の面接の時に短パンと島《しま》草履《ぞうり》で受け、合格したという逸話がある。校長退職後は、孫の通う学校でボランティアとして汗を流していた。

沖縄の教師の語り　もくじ

第1章　県外出身の沖縄の教師

1．復帰後、県外出身の教師が増えた

いまでは、どの学校にも、県外出身の教師はいることだろう。県内でどれくらいの割合でいるのか、具体的な人数はわからないが、県外出身だと思われる名字の教師はいる。県外出身の教師が増えた契機は、なんといっても、１９７２年の沖縄の日本復帰に伴い、琉球大学が国立へ移管され、県外出身の入学者が激増したことが背景にある。『琉球大学三十年』によると、復帰後の１９７９年（昭54）の教育学部学生総数に占める県外出身学生は55％であり、過半数を占めていた。このうち、大学卒業後、出身地へ帰った者もいれば、沖縄の教員採用試験を受けて合格し、沖縄の教師として採用された者もいることだろう。

沖縄の教師として人生を歩むことを決めた理由は様々であろうが、例えば、在学中に沖縄出身の彼氏彼女とめぐり逢い、沖縄での就職を決めた者もいれば、沖縄の魅力に惹かれ、バイト先をはじめとして住民との濃い関係が出来上がり、居心地がよくなって、沖縄に残る決意をした者もいることだろう。温暖な気候を気に入り、沖縄での生活を決めた者もいる。復帰前、日本本土からの沖縄入りはパスポートが必要であったが、復帰後、それは必要ではなくなった。ちなみに、復帰前、琉球籍のない者は、公務員や教師の採用試験を受けることはできなかった。県外出身の

元県立高校長Ｙによると「県外出身者のなかで、公務員を目指すのであれば、まずは、琉球籍を取得することが第一の関門であった」という。「当時、復帰運動を含む反米的な言動の者は、琉球籍の取得は困難であった」のである（聞き取り日、２０１８年10月12日、於：県教育庁会議室）。

２．ウチナーンチュの教師はウチナーンチュの子どもを教えていた

手元にある復帰前年の『沖縄教育関係職員録（沖縄教職員会編）』（１９７１年版）をみると、いまでは考えられないような個人情報が掲載されている。氏名、免許種別、学歴、出身地の情報である（おそらく『職員録』所蔵の図書館や資料室は、この資料は帯出禁としているはずだ）。これらの情報のうち、特に、小学校の教師の出身地を分類してみると、非常に興味深いことがわかる。復帰前、小学校の現場には沖縄出身の教師が圧倒的であったため、当然、〝沖縄出身の教師は沖縄の子どもの教育を担っていた〟と言える時代であった。

『職員録』をみると、那覇市出身を筆頭に、石垣市、平良《ひらら》市、具志川村（現在のうるま市）、名護市の教師が多く、これらの出身地の教師は、沖縄の

表１．市町村別出身教員数、校長数（小学校）

	市町村	教員数		市町村	校長数
1	那覇市	757	1	那覇市	37
2	石垣市	226	2	石垣市	23
3	平良市	212	3	名護市	11
4	具志川村	211	4	具志川村	11
5	名護市	186	5	平良市	10

沖縄教職員会編『沖縄教育関係職員録』1971年をもとに作成

教育界で一大勢力を誇っていた（表1）。那覇市に次いで、離島の石垣市と平良市出身が沖縄の教育界で活躍していた点は面白い。小学校の校長の出自《しゅつじ》（生まれ）も同様な傾向を示していた。しかも、教師自身の出身地の学校（地元の学校）に勤める場合が多かった。例えば、那覇市出身の教師の同市内の学校で勤めている割合をみると、約8割であった。あとの2割は他の市町村の出身者である。石垣市も約8割、平良市、具志川村、名護市は6割の地元出身者が自分の出身地の学校で教育活動に勤しんでいた。この5つの自治体についていえば、先述の〝沖縄出身の教師は沖縄の子どもの教育を担っていた〟という文言に加えて、〝沖縄出身の教師は特に地元（地域）の沖縄の子どもの教育を担っていた〟と確かにいえるのである。出身地の自治体の学校で教鞭を執り、異動も自治体内の学校であった、そういう教師も少なからず存在した。もちろん、教師自身の母校で教鞭を執っていたことも十分考えられる。

当時の沖縄出身の教師は、地元志向が強くあったのか、あるいは人事の方針として地元出身の教師を呼び込んでいたのか、それは明らかではない。しかしいまでも、沖縄の教師の中には、出身地での勤務を願う者はいるし、採用時や異動の時には、出身地のある管内に希望を出すのが普通だろう（中頭《なかがみ》地区の出身なら次の学校も中頭地区に希望を出し、那覇地区の出身なら那覇地区の学校に希望を出す。但し、人事上、管外へ出さなければならない場合もある）。自分の生活圏であり、土地勘があり、知り合いの多い出身地の地区へ希望を出す心情はよくわかる。

復帰前の『職員録』から、教師の生活圏と勤務先の学校の校区が近接していたり、重なっていたりした者も少なからずいたことが想像できる。自分の子どもの通う学校に勤めていた教師もいたはずである（私の小学校６年生の時の担任（女性）は、隣のクラスに息子がいた）。なお、『職員録』は、沖縄教職員会の協力を得ながら、個々人の申請によるものであるため漏れも当然考えられる。しかし、それでも興味深い数値である。ちなみに、１９７１年版の県外出身者をカウントしたらほんの数名のみであった。復帰前に県外出身で沖縄の学校を求めて採用試験を受けた者は、かなり少数であったはずである。それゆえ、沖縄の子どもたちは、県外出身の教師とめぐり会い、担任をしてもらったという経験は稀であった。１９７２年の復帰の年、私は、小学校3年生であったが、小学校から高校までの担任をはじめ教科指導に至るまで県外出身の教師と出会ったことはなかった。

３．卒後定住と沖縄の教育文化との出会い

復帰後、琉大は国立大学に移管され、同大学を卒業して県外出身者が沖縄の教師になり始めるのは１９７０年代後半以降である。そこから、徐々に沖縄の学校に県外出身の教師が増える。例えば、沖縄県中頭地区の県外出身者数の推移をみると、年を追うごとに、増加傾向である（図１）。また、１９８９年（平成元年）の時点をみると、中頭地区の小学校教師１、５２２名の内、

県外出身者は23名である。全体の割合からすれば、1・5％であり、九州地区の出身者が半数を占める（表2）。それから30年余を経過したいま、かなりの数の県外出身者が在職していることとだろう。ところで、復帰前に琉大に入学し、復帰の年の1972年に卒業した元小学校教師（70代、女性）は、「私たちが琉大を卒業した時には、全員、ウチナーンチュだった。私は吹奏楽部に所属していたけど、卒業後、しばらくして後輩が言うには、『夏休みは県外出身者が帰省してしまって、吹奏楽の全体練習ができない』とボヤいていた」という。

　これらの文脈からいうと、琉大は、ウチナー社会の中に、本土の教育文化を背負った若者を定住させるという機能を果たし、いまでもその役割を果たしつつあるものと考えてもよい。また、復帰後、沖縄の大学を卒業していない県外出身者が、直接、沖縄の教員採用試験を受けた者もいることだろう。これは、2000年の沖縄サミットを契機とした全国的な沖縄ブームが沸き起こり、NHK朝の連続テレビ小説「ちゅらさん」の放送、健康長寿、スローライフ、沖縄移住などで沖縄がもてはやされた頃からではないか。いずれにしても、県外出身の教師が沖縄の学校のなかに入り、沖縄出身の教

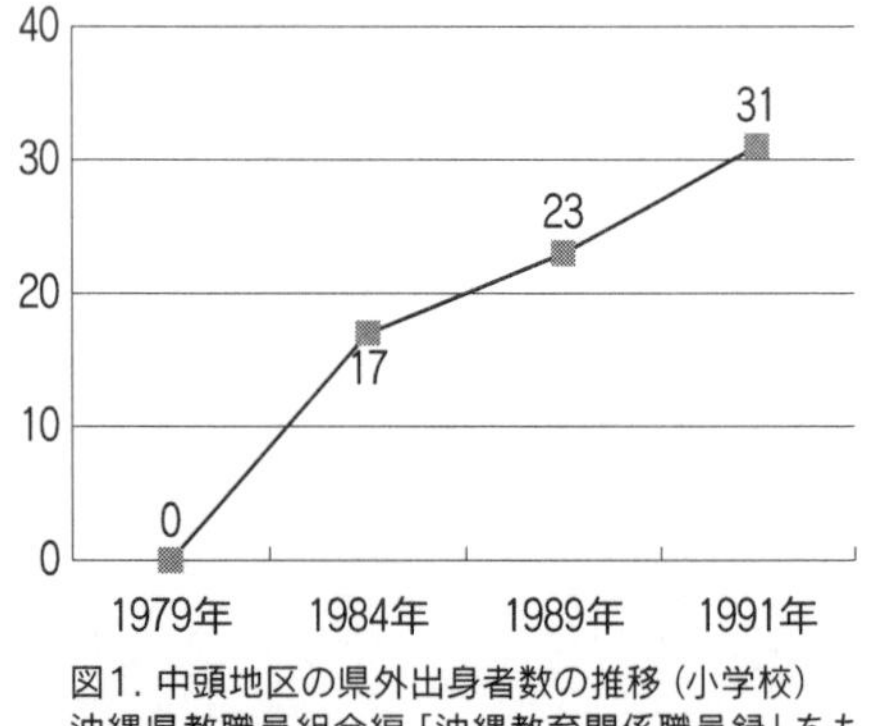

図1．中頭地区の県外出身者数の推移（小学校）
沖縄県教職員組合編「沖縄教育関係職員録」をもとに作成

師や子どもとかかわることは、沖縄の教育文化との直接的な接触であったことだろうし、そこでは、自身に染みた日本の学校文化と沖縄のそれとの狭間での葛藤を抱えていたことも容易に推察できる。平たく言えば（県外出身教師の立場からいえば）、「自分の育った○○県の学校の雰囲気、やり方と沖縄のそれはずいぶんと違う」とか、「沖縄のここって、ちょっとおかしい」という類のものである。

県外出身者が、沖縄の学校をどのようにみていたのか、沖縄の学校文化についてどのようにとらえてかかわってきたのか、そして自身が沖縄の教育文化の中に包摂《ほうせつ》されていったのか、それとも相対的にみていたのか、非常に興味深い。

ここでは、県外出身で沖縄の大学を卒業後、沖縄の教師になった、あるいは、県外出身で沖縄の採用試験を受けて沖縄の教師になった者に焦点をあてて、聞き

表2. 中頭地区の県外出身者数（1989年、小学校）

自治体名	教員数	県外出身者	出身地
恩納村	47	2	長崎1、東京1
読谷村	121	2	奈良1、大分1
嘉手納町	57	1	長崎1
北谷町	87	2	三重1、大分1
沖縄市	363	6	北海道1、長崎1、宮崎1、大分1、京都1、長野1
宜野湾市	210	4	秋田1、新潟1、埼玉1、大分1
北中城村	51	0	
中城村	46	0	
西原町	92	1	栃木1
具志川市	219	2	長崎1、鹿児島1
与那城町	70	2	大分1、鹿児島1
勝連町	75	1	鹿児島1
石川市	84	0	
合　計	1,522	23	長崎4、大分5、鹿児島3、宮崎1、北海道1、秋田1、新潟1、長野1、栃木1、東京1、埼玉1、奈良1、三重1、京都1

※校長、教頭、教諭、養護教諭のみ　沖縄県教職員組合編『沖縄教育関係職員録』1989年

書きしたものである（表3）。沖縄の教師になったきっかけは何か、また同僚教師や子どもとのかかわりのなかで、沖縄の教師、保護者、子どもとの間に横たわる沖縄の教育文化との葛藤はなかったのか、あるとすればそれはどのようなものか、沖縄在住の県外出身教師の声をつなぎながら、沖縄の学校文化の一側面を浮き彫りにしたい。

4．緩《ゆる》い沖縄の学校――40代の小学校教師・守山

40代教師の守山とは、知古の間柄である。10年以上も前から、教育関係の研究会の仲間としてお付き合いしている。このテーマで書こうと思った時、真っ先に頭に浮かんだ人物であった。サッカーやマラソンが好きで、なかなかのイケメンであり、昨年、大学を卒業したウチの長女はいまでも大ファンである。守山の姉は、長年、臨時教師を勤め、ウチの長男の4年生の時の担任でもあった。たいそう、子どもに人気のある教師であり、いまでも現場で立ち続けている。守山は、現在、小学校の教頭として毎朝早くから出勤し夜遅くまで学校に残っている。教頭は、学校

表3．対象者の属性

対象者	年齢	性別	職業	出身地	沖縄在住歴	聞き取り日と場所
守山	40代	男性	小学校教頭	関西	22年	2018年11月1日、宜野湾市のファーストフード店
坂井	60代	男性	元中学校校長	中部	36年	2018年11月5日、那覇市のレストラン
鈴木	40代	女性	小学校臨時教師	関西	18年	2018年11月15日、嘉手納町内の小学校
西尾	30代	男性	小学校教師	北海道	14年	2018年11月28日、沖縄市のファーストフード店
金城	60代	女性	元小学校校長	中部	35年	2018年12月4日、大学の学食

※対象者は、全て仮名である。

で最も忙しい。2018年の11月1日、守山の学校の近くのファーストフード店で待ち合わせた。コーヒーをすすり、四方山《よもやま》話をしながら、沖縄の教職生活について耳を傾けた。

守山は関西出身である。地元の私立大学の教育学科を卒業して小学校教師の免許状を取得したが、当時は、教職にそれほど魅力を感じることができずにいた。卒業後は、ガソリンスタンドのアルバイトで小遣いを稼ぎ、なんとなく怠惰な生活を送っていた。家族から「教師の免許状もあるのだから」と言われ、しかたなく、関西の小都市で臨時教師の仕事を数年経験した。守山は、この頃勤めていた学校の子どもについて、次のように語った。

授業の時には、筆箱や教科書、ノートはきちんと机の上に置かれていて、準備は出来ていました。発表の時の手の挙げ方も、教師によって指導されていました。清掃の手順も、小学校入学後に徹底して指導されていて、それがそのまま、上の学年に引き継がれていく感じでした。

雑巾の絞り方、教室の掃き掃除や拭き掃除の仕方、机の移動の仕方が学校でほぼ統一されていて、「学年が進行しても手順・方法は同じであって、担任がこれを勝手に修正するということはなかった。無駄がなかった」という。「ただ、運動会の行進は、まるで軍隊のような行進だった。

足の上げ方、手の振り方まで徹底して指導していた」。ひるがえって、沖縄の運動会の行進は、「夏場の暑さということもあるけど、子どもはダルそうに行進するし、向こうの学校の行進とは全く違うなあ」と苦笑いしながら話す。学校の小さな決まりごとまで統一されているというのは、秋田出身の女子学生からも聞いたこともあるし、宮崎で中学校教師をしている友人からも聞いたことがある。その友人がいた学校では、毎年4月の最初の職員会議で時間をかけて、その決まりごとについて教職員間の理解を図るそうである。

守山は、阪神・淡路大震災後、先に沖縄に嫁いでいた姉の呼び寄せで沖縄に移住した。すでに、姉は、実母を沖縄に呼んでいたので、守山の家族がそのままそっくり沖縄に移住してきたようなものである。しばらく姉夫婦の自宅で居候《いそうろう》生活をしていたが、やはり居心地が悪くなってきたのであろう、臨時教師の手続きを始めた。基地周辺の自治体である宜野湾市、読谷《よみたん》村、沖縄市での臨時教師である。そこから、守山の沖縄の子どもと保護者との出会いが始まる。

沖縄の子ども達は人懐っこくて、ひねくれている子どもはいないですね。でも、自分の考えとか意思とかをきちんと筋道立てて話せるかというと、ちょっと難しいですね。思っていることを、単語というか、言葉を羅列《られつ》しているという感じです。私は、小さい頃から、自分の言いたいことはきちんと言いなさい、と親に言われて育ったので、沖縄の子どもと接するとその辺の弱さを感じます。保護者の方も、学校に任せっきりの感じがしますね。関西で臨時をしていた時には、「(守山に対して) 先生は、この場合、どのような指導をしているのですか」という詰問にも似たような責めが度々ありました。教師と父母間でちょっとした緊張感がありました。もちろん、沖縄の保護者の中にも、学校や教師に対して色々意見を言う人がいるかもしれませんが、全体的に子どもの教育は学校に任せるという感じはしますね。

沖縄出身の私でさえ、沖縄の子どもの語彙力《ごいりょく》や表現力の貧弱さについては常々感じているところであるが、守山は、関西で生まれ、育ち、その生活環境で育まれてきた経験との比較で率直に語ってくれた。かつて東江康治（琉球大学）は、１９５０年代以降、沖縄の子どもの言葉、語彙力についての調査をしてその脆弱《ぜいじゃく》さを早くから指摘し、沖縄の子どもは日本語と方言を話すバイリンガルと称していたが、そのことを守山の話を聞きながら思い出した。守山の沖縄の保護者の学校への任せっきりの姿勢と緊張関係があった関西の保護者の比較も面白い。守山は、沖縄の学校や教師についても次のように述べている。

時間的に緩いですね。時間に厳しさがないですね。職員会議の開始時間を前もって伝えても、やはり開始は遅れがち。また、なんとなく色々な意見は出てきますが、まとまりがなくて、それで時間がきてしまいます。関西の学校では、サクサクと会議を進め、きちんとまとまりがありました。ここでは、掃除の仕方も学校で統一されているわけではないので、毎年、変わります。だから、子どもも戸惑います。でも何といっても、内地の先生はプロ意識というか、小学校の教師といっても専門の教科を持っていました。沖縄にも素晴らしい先生方はいますが、本当に少数ですね。自分の仕事に対してのプロ意識というか、誇りというか、そういうものが多少弱い感じは、正直なところ、感じます。

また、沖縄の教師の社会的な地位の高さも感じます。以前、勤めていた学校で、地元の高校を卒業して琉大に合格して、小学校の教師になった女性がいました。その先生は、さも、エリートコースを歩んでいるかのような話しぶりでした。若い教師の中にもそんなことを感じさせる者もいますが、内地では、教師の地位や立ち位置は、それほど高くはないので、こうした話は、ちょっと意外でした。

時間にルーズな面や教師としての自覚の足りなさを語る守山である。守山は、沖縄で臨時教師を数年重ねた後、採用試験に合格した。ただ、沖縄で臨時を始めた頃の違和感やカルチャーショックの気分は、本務として採用された後は、感じなくなったようである。「臨時の頃や採用されてしばらくは、やはり関西と勝手が違っていたけれど、だんだん、それほど気にしなくなりました」。守山の身体は沖縄のリズムに慣れてしまったのであろうか。

ひと通り、守山は、話を終えると、１００円コーヒーを飲み干して、足早に学校に戻った。教頭は忙しいのである。

5.「よそ者」──60代の元中学校教師・坂井さん

私よりも坂井さんは先輩なので、「さん」付けで書き綴りたいと思う。「沖縄に来た頃の話を聞きたいのですが」と携帯で依頼すると、「私でよければ」と、快諾してくれた。愛車で坂井さんを勤め先で拾い、那覇航空自衛隊基地の側のレストランに向かった。階段を昇り、2階の窓際の席を確保した。北から南に延びる国道58号線と那覇の市街地がみえる。券売機でコーラを2つ注文してテーブルについた。椅子に腰かけると、坂井さんは、パソコン仕上げの履歴書を「どうぞ」と差し出した。A4サイズの2枚である。履歴書には、学歴や職歴だけではなく、教師としての実践記録も丁寧に記述されていた。几帳面な性格をうかがわせた。その都度、考えたことをまとめたものや新聞への投稿文を出力してファイルにして持ち歩いている。日々、自分の足跡を記しているのである。帰り際には、地元の新聞社への投稿文を1枚頂いた。

坂井さんとは、県の教育関係の委員会で知り合った。私とはちょうど10歳違いである。元々理系の人であり、県の会議では、理路整然と意見を出してくる。まっとうな意見である。県の職員も時々タジタジとなる。こうした場面をみると、いつもの会議よりも面白い。当初、坂井さんは民間出身の委員だと思っていた。教師特有のにおいを感じなかったからである。会議の中で、「中学校の校長をしていた」との発言で初めて元教師だと知り、今回の私の聞き取りの候補にその時決まった。小柄な坂井さんは、本州の中部地方の出身である。実家は農業で、経済的には苦しかったようである。東京にある国立大学の農学部を卒業後、大学院に進学し修士の学位を得た。農業の専門家である。大学院修了後、教職科目を履修して、中学校の理科の免許状を取得した。坂井さんは、復帰後の沖縄の離島で就職する。

農業が好きで、農学部に進みました。開発途上国の援助をしたいという思いがありました。指導教員は農林水産省出身だったので、卒業後は、その先生の推薦で、沖縄の離島の熱帯農業研究センターの非常勤職員として働きました。そこで1年半ほど働いたあと、高校の農業と中学校の理科の教員免許状を持っていたので、島の中学校で臨時教師として働きました。昭和57年のこと。離島の活性化というか、学校の教師をしながら、地域とのかかわりを考えていました。最初の赴任地は、T島でした。島の教員宿舎で生活していたので、24時間、そ

の小さな島にいました。他の先生方は、大きな島から毎日通っていました。島の子どもがとても好きだし、部活も軟式テニス部を持って、島民とも日常的に交流はありました。ずっと島にいたので、住民も親近感を持っていたようです。他の先生方は、土日はいないけど、僕は、いるしで。また、地域の方と接触し、地域の課題について考えるというか、そういう考えは、早くから持っていました。

坂井さんは、根っからのフィールドワーカーである。常に、島を拠点に生活していた。「ずっと、どこにも行かないで、そこの島で生活をしていたから」と、聞き取りの最中、度々述べる。そのため、島の公民館から役員の依頼や地元の青年との付き合いも深まった。毎日、フェリーで通うとなると、島民とのかかわりは難しい。坂井さんは、自然体で島の生活を満喫していた。島民との楽しい交流は続く一方で、島の学校内での職員間の対立・軋轢《あつれき》は、時々、あったようである。例えば、T島出身の先輩教師の意見とぶつかり、その教師の肩を持つ者もいれば、坂井さんの意見に「よく言ってくれた」と陰で応援する仲間もいた。思ったことは、必ず、言葉にして出していたようである。「島の住民は、僕のことを理解していて、応援してくれていました。先輩と衝突した時、場合によっては、誰が島を去るかという話になりましたが、島民は僕を応援してくれた」と、語る。T島での臨時教師生活は1年にも満たなかった。しかし、坂井さんは、島民とのかかわりの楽しさから離島での生活をこのまま続けることになる。

T島の次は別の島での勤務でした。この頃には、採用試験もパスしていました。教師をしながら地域の活性化、島おこしについては、いつも考えていましたね。青年会にも入り、教師をしながら公民館の役員をお願いされていました。僕以外には、いませんよ、そんな人。K島では、5年いました。校長から「まだ、(K島に)いろよ」と。普通は2~3年で異動ですから、そんな長期間、島にいる教師はいないですよ。島で行事があったら、他の職員も行事には参加しますが、私の場合、日常的に色々参加しましたから。教師の僕が公民館の実践発表をしたこともありますよ。K島は良かったですね。その頃、自治省の「一島一祭」への補助があったんですね。1年間で100万円。その補助を頂いて3年間、牛まつりをしました。僕は実行委員会の産業部長という役員でしたので、ずいぶん、頑張りました。シンポジウムとか講演会とか、本当にいろんなことにチャレンジしましたよ。ただ、自治省の補助がなくなったら、あとは自分たちでやろうということを島民に言ったんですよ。しかしあまり反応はなかったですね。その後、フェリー会社からの申し出もあって、牛まつりは続きました。会社からすると、祭が続いた方が、観光客は増えるので。会場では、牛汁を出したり、イベントを行なったり、牛と綱引きとか。牛汁パックというものを作りましたよ。アーサ入りカ

ステラとか、婦人会と一緒に作りました。

「いやあ、話を聞いていると、教師じゃないみたいですね」「まるで、島おこし仕掛け人みたいだ」と口を挟むと、まんざらでもなさそうな表情を浮かべた。「島のために自分が出来ることは何でもやった」。坂井さんは、「祭の収益は、島を活性化させるために、有効に使うべきだ」と口酸っぱく島民に語ったが、それはなかなか浸透しなかったようである。坂井さんは、地域の方と知り合い、語ることが好きであり、島を元気づけるために島で生活していた。しかし、離島勤務が長いという教育委員会の判断で、大きな島での学校勤務となった。しかし、「僕は農業が専門であるし、僕の関心も島おこしにあるもんだから、町の大きな学校ではなく、島の小さな学校の方がいいんだ」と話を続ける。その後、坂井さんは、教育委員会の指導主事や教頭、校長などを歴任し、この間の活動をまとめ、県レベルの表彰も受けている。赤土流出による海の汚染や漂流ごみが海に及ぼす影響についての実践活動について語る姿は、自信に満ち溢れている。

コーラを飲み終え、私が帰る身支度をし始めると、「でも、不満もあった」とつぶやく。私の身体は自然と前のめりになる。坂井さんは、多分、ほとんど誰にも語っていないことを話し出した。「県レベルの賞を取った時にも、特に、地元で祝いをすることもなかった。僕はよそ者だから。これが地元の教師だったら、ホテルの宴会場で一席、設けているよ」。坂井さんの口から「よそ者」

の言葉がついて出た。「自分はウチナー出身ではない、よそ者」なので、祝いの話もなければ、「退職後、教育委員会のポストにも就けなかった」と、残念そうに、悔しそうに語る。ずっと話を聞いていて、自身の出身のことなど気にすることなく島の生活を満喫してきたと思われた坂井さんの口から、「よそ者」の言葉が出た時には意外であった。島の生活を送る坂井さんであるが、県外出身者は、いつまでも「よそ者」で、退職後、再就職先まで世話されなかったことで、自身がウチナーンチュではないこと、ナイチャーであることをあらためて実感した。

坂井さんは30年以上も島で教師生活を送り、島の活性化については自負している部分もあるが、退職後、島の関係者から声をかけられていない。「だから、沖縄本島で別な仕事をしている」という。島での生活を通してより自然体で島に溶け込み、住民と語らい、そして島の活性化に多大なエネルギーを注いできたことを人生の財産とするが、「よそ者」であるがゆえに、次のポストに就けなかったことについて「いまでも、モヤモヤしている」という。教師としての仕事や地域での活動よりも、「勢いのある者、力のある者と酒を飲んだりして、関係がつくられると、次の別な仕事を充てられたり、ポストが用意されたりする」と苦り切った顔で語った。「沖縄では、島での友達関係、知り合い関係の中で、次のポストが決まる」と語る。

坂井さんの話に耳を傾けながら、ある話を思い出した。私が小学校の教師をしていた時の話である。ある後輩教師は飲み会の席で次のように語った。「敬愛するY先生は、教育理論も実践も素晴らしい。ただ、県外出身者だ。それで、ほぼ週末、いろんな方々と酒を酌み交わし、人脈を作ることに余念がない。県外出身者はそこまでしないと将来は、ない、と言っていた」。現在、沖縄の教員世界を見渡すと、県外出身の校長や教頭はいるが、それ以上のポストである教育庁の幹部や県の出先機関の教育事務所長、市町村教育長となると、ほとんど聞いたことがない。Y先生は、管理職を経験したが定年を待たずに、退職し、別な教育関係職で活躍している。Y先生の突然の退職は、周囲を驚かせたのはいうまでもない。学校の管理職以上の展望を描くことができなかったのであろうか、理由はよくわからない。

レストランを出て、車に乗り込んだ。坂井さんは助手席に座り、ドアを閉めた。「もっと、色々話したいことがあるので、また、機会をつくってくれませんか」と、名残惜しいようであった。それからひと月後、大学の1年次向けの教職科目で、坂井さんを外部講師として招いた。タイトルは、「島の生活、島の教師」。90分の講話の時間では、全く足りなかった。

6．放任、飲み会、ルーズな学校 ― 40代の小学校臨時女性教師・鈴木先生

鈴木先生は、ウチのかみさんの同僚である。聞き取り対象の40代の県外出身教師を探していたら、「ウチの学校にもいるよ」ということで、秋の大運動会が終わった数日後、学校を訪れた。

図書室の一角で、彼女から沖縄との出会いから話を聞いた。水泳で鳴らした身体は肩幅が広く大柄だ。缶入りお茶を頂き、お礼に名護で購入した茶菓子を手渡した。彼女とは初対面であるが、関西出身らしく、遠慮なく、言葉によどみがない。というよりも、緊張感がほぐれた後半はマシンガントークである。

鈴木先生の父親は兵庫出身でガット船（砂利、石材を運ぶ船。海底から砂利を採取するため、ガットと呼ばれる砂利をつかんで運ぶ装備がある）の会社に勤めていた。沖縄の海洋博（１９７５年）の頃、父親は本部町《もとぶちょう》の仕事を引き受けることになり、そこで鈴木先生の母親となる女性と知り合う。鈴木先生は那覇で生まれ育ち、幼少の頃は、カトリック系の幼稚園に通った。その後、家族共々、父親方の兵庫に引っ越し、仏教系の幼稚園に編入した。編入した頃は、カトリックから仏教系に移ったこともあって、かなり戸惑ったようである。また、親戚の意向で、私立の小学校に入学するが、そこは弁護士や医者等の富裕層の子どもが通う学校であり、教室の雰囲気になじめなかった。中学は、いったん、公立校に転出したが、高校と短大は私立を選んだ。短大で幼稚園と小学校の免許状を取得するが、教師になる気はさらさらなく、短大卒業後は、関西の大手の民間企業に就職した。大阪の丸ビル近くの人材派遣会社である。会社では、先輩につきながら会社員としてのスキルを高めていくが、数年で「やりきった」と感じ、彼女にとっての原風景である沖縄へ移住することを決意した。ずっと、沖縄に憧れ、戻りたかったからである。沖縄の祖父母が健在ということもあって、関西から沖縄へ移住する前は、度々、会社の休暇を利用しては沖縄で遊んではいた。

沖縄移住について、両親は大反対であったが、その頃付き合っていた、京都出身の彼氏を伴って（ちなみに、彼氏はそれまで沖縄生活の経験はない）、20代の前半に本部町に移り住んだ。鈴木先生は、豊かな自然と温暖な気候を気に入り、結婚し3人の子宝にも恵まれた。ただ、沖縄の生活に対してある種の不安を感じ始める。

地元の本部のママ友も出来ましたが、結構、お酒の付き合いが多いんですね。何かにつけて飲み歩くというのが多かった。出歩く理由がわからん。子どもを旦那や親に預けて、飲みに出かけるなんて、あっちでは考えられないですね。母親が夜に出歩くのって。向こうでは、そんな感じはないですね。とっても、違和感がありました。でも、付き合いというのもありますから、毎回、断るわけにはいかないし。時々は、お酒に付き合いましたが、子どものことが気になって楽しめることはなかったですね。後ろめたさが残るというか。やっぱり、頻繁には行かなかったですね。

飲み会の多さには驚いたようである。沖縄の夜型社会については、「大人が楽しんで、子どもはほったらかし状態だ」と語気を強めていう。ＰＴＡの会合も、通常、沖縄では夜に行われ、「子どもを自宅においたまま母親が出席しているのはおかしい」という、至極《しごく》まっとうな意見である。鈴木先生の地元では、午後4時くらいからPTAの会合が行われていた。また、沖縄では共稼ぎが多いことにも驚き、ママ友から「なんで、仕事をしないか。早く子どもを保育園に預けなさい」と会うたびに言われたそうである。それで、子どもを預け、仕事をし始める。沖縄の所得は低いので、共稼ぎでないと生活が出来ないことを今では理解しているが、やはり、子どもが3歳になるまでは、手元に子どもをおいて世話をしたかった。ただ、子どもが高校生になる頃には、子どもの将来のことを考えて思い悩むようになる。

本部の子どもは、地元の本部高校か北山《ほくざん》高校に進学するか、あるいは、かなり遠い名護高校の受験選択しかありません。名護高校に行かせるには、お金がかかる。私がいた兵庫では、私立高校もたくさんあって、滑り止めとかもずいぶんとあった。ここに住んでいると、子どもの選択肢は十分ではないと考え始めていました。ちょうど、旦那が他の会社からの引き抜きがあり、思い切って引っ越すことにしました。読谷村に、です。そこに引っ越し、役場の臨時の仕事を始めました。しばらくして、ある時、教員免許状を持っていることが上司に知られるところになり、人手不足の村内の幼稚園で働くことになりました。読谷の園児は、兵庫の子どもと違って拗《す》ねるそぶりはなく、本当に子どもらしい素敵な笑顔でした。向こうの

子って、周りは大人しかいないので、大人ぶった感じですね。大人の中に子どもがいるわけですから、なんとなく大人のような話の仕方になってしまいます。でも、沖縄の子どもは、本当に子どもらしくて、瞳がキラキラしているんです。

沖縄の子どもの瞳の輝きにある種の感動を覚えたようである。しかし、幼稚園の臨時教師を終え、引き続き、小学校の臨時の経験を重ねていくにしたがい、保護者が子どもを十分かまっていない状況や子どもの語彙力の不足や表現力の乏しさを感じ始めていた。

私から見たら、沖縄の親は子どもをほったらかしの状態にしていると感じます。両親共々、仕事をしているわけですから、子どもの世話なんてしている時間がない。テレビに子守をさせているような感じで、親とのかかわりが十分じゃないのが、子どもの語彙力や表現力を損ねているんじゃないですか。「テレビを見ておきなさい」って感じで。必然的に語彙力が伸びないですね。「あれ」とか「これ」とかを使っていて、上手く人に自分の気持ちを伝えるのが弱いですね。恥ずかしがっているのか、自信がないのか。親も時間がないので、読み聞かせなんて、なかなか出来ないですね。

学力の高い秋田のことがいつも話題になりますが、秋田は、祖父母と同居していたり、近くに住んでいたりして、子どもの面倒を見ることができますね。安心感のなかで子どもが生活しているんです。夕方には、農作業も終わり、夕食を早々と済ませるというリズムがあるんですね。沖縄とは、やはり、決定的に生活リズムや子どもを取り巻く環境が違います。秋田のまねをしようとしても無理ですよ。沖縄の家庭を変えない限り、学力向上は無理ですね。子どもの貧困問題も深刻です。子育て世帯への援助は、絶対必要ですよ。給料は安いし、物価はめっちゃ高いしで。負の連鎖が、ずっと続いていますよ。

鈴木先生は、保護者の立場から沖縄の生活を語った。関西と沖縄の違いを語り、やや批判めいた言葉が続く。沖縄に来て、20年近くなるが、その違和感については、今でもしっかり感じているという。続けて、沖縄の生活の厳しさゆえ、「沖縄の子どもは公務員志向が高すぎますよね。向こうでは、そんなに公務員になりたいなんていう話はあまり聞きません。公務員になるのがゴールになっていて、採用されたら向上心を持たない若い者もいる。教師にもいますよ、そんな人」と、最後まで手厳しい。

鈴木先生は、沖縄の臨時教師をして8年目であるが、学校のひとこまを次のように語る。

とにかく、時間にはルーズですね。だいぶ慣れましたけど。段取りも悪いし、要領がわるいな、と。今の職場はそうでもないのですが、以前の学校は時間にルーズでした。職員会議も、話し合いはしているのですが、なかなか決まらない。なんでや、と。また、話の途中で、関係のない話題も出てきたりして、あっちにいったり、こっちにいったりで、時間は経っているのに、何も決まらないことも時々あります。時間の無駄や。もっと下調べしてから、質問したらどうや、という感じはありました。もっと、視野を広くして、子どもを見て欲しいですね。私からしたら、視野が狭いという感じ。

沖縄での子育てに悩み、臨時教師として学校に勤めている鈴木先生は、最後に、「基地問題も大切だけど、沖縄の子どもにもっと光をあてて支援して欲しい」という。インタビューの1時間はあっという間に過ぎた。最初は、気を使って共通語を使っていた鈴木先生だが、後半は、時折、関西弁が出た。「少し、しゃべりすぎましたかしら」と言い、まだ残っている事務をするために職員室へ戻った。

7．緩さ、貪欲のなさ ― 30代の小学校教師・西尾先生

西尾先生は、バリバリのやり手の教師である。全国区の教育研究サークルに所属して、公開授

業も積極的に引き受ける。沖縄の教師で全国区の研究会やサークルに加盟して実践活動をしている者は、ほとんど見当たらない。ましてや「公開授業なんてとんでもない。私のような者の授業を、人様に見せることなんてできない」という声が多い中、西尾先生は、かなり前向きである。全国的に有名な国立の小学校に出向いて公開授業も経験している。私が、今回の依頼メールを出した際も、「私の話で良ければ、いつでも話ができますよ」という内容と同時に、「先生（私のこと）が主宰している研究会で、公開授業があれば、鍛えて頂きたいです」という返事を頂いた。実に前向きな青年教師である（ちなみに、私が主宰しているという研究会は、飲み仲間の教師でつくったものので、気まぐれで、時々、公開授業や講座を開催しているものである。資料代として1コイン500円を頂いているが［参加者からすれば、500円が丁度良いらしい］、公開授業の時は常に100名前後の現職教師の参加がある。時々、「その研究会に入るためにはどのような手続きが必要ですか」という声があるが、特に加入条件はない。飲み会に参加したら「即加入」と回答している。ちなみに、西尾先生はまだ飲み会に参加していないので、会員ではない）。また、今回の聞き取りで、西尾先生の大学の研究室（ゼミ）は、私がお世話になった教育行政・教育制度のゼミでもあり、直属の大学の後輩であった。不思議な縁である。

さて、昨今、景気が良くなり、他の業種の賃金が上昇し勤務条件が格段に改善されつつあるなか、学校は今でも多忙であるため、大学生の中にも「教職はブラックだ」と避ける傾向が強くなっている。ましてや、県外の研究会に身銭を切って参加し、スキルアップを目指し、自分から公開授業を申し出る西尾先生のような若い教師は、なかなかいない。その西尾先生と沖縄市のファーストフード店で落ち合った。西尾先生の高校時代から話を聞いた。

元々、体育が好きで、現役の時は、大阪教育大学の体育科を受験しましたが、届きませんでした。大きなケガもして、一浪して、学芸大も考えましたが、もう一歩だったので、別の大学を考えました。大学の教員である父親とも相談して、どうせなら、生まれ育った北海道と真逆の南の大学に行こうと考え、調べて、琉大にしました。在学中はほとんど北海道には帰省しませんでした。大学では教育学を学び、教育行政学を専門にしました。大学の３年次から、授業の合間を縫って、宜野湾市内の学校の特別支援のヘルパーをしました。それが、沖縄の学校とふれるきっかけでしたね。

西尾先生は、早くから沖縄の学校や教師とふれる機会をもち、卒論は、「習熟度別学習は教育的効果があるのか」であった。卒論のタイトルからして、教育行政・教育制度の研究室ではなく、むしろ、授業づくりをメインテーマとする教育方法学の研究室にふさわしいものだった。西尾先生は、宜野湾市内の全ての小学校の授業観察とアンケートを取ったりして学校と直接かかわる機会を自ら作っていく。また、全国研究サークルにもかかわるようになり、事務局的な仕事も始めた。学生の立場で、県外の教育研究会とつながり、活動をする者は、これまで見たことがない。いかにアクティブに学生時代を過ごしていたのかがよくわかる。そして、琉大の附属小学校で教育実習をして、「沖縄の学校って面白い」と感じ、宜野湾市内の学校に調査でお邪魔し、そして日常生活を営む中で、沖縄での生活に惹きつけられていく。在学中に特別支援ヘルパーとして子どもとかかわるようになる。西尾先生は次のように語る。

沖縄で学んで、沖縄の学校にお世話になっているので、自分が学んだことは、沖縄に還元しないといけないな。そうじゃなかったら、罰があたるな、と考えたりしました（笑）。また、沖縄での生活に慣れたので、沖縄の外に出ていくのは怖いなと考えたこともあります。ここの緩さに慣れちゃった、というのか。

西尾先生は、学生時代、実に貪欲に学びを深めてきた。こうした学生生活は、のちの西尾先生の教職生活の基礎を形成していく。小学校の採用試験は一発で合格し、一年間、臨時教師を経て、正式に採用された。特別支援のヘルパーや臨時教師とは異なって、沖縄の学校や教師、子どもを冷静に見るようになる。

沖縄の学校って、ゆったりしていますね。トゲのある言い方をすると、緩いですね。実習でお世話になった附属小学校でも、公立学校よりはしっかり感がありますが、それでもいい意味での許容範囲の広さも感じました。これは、先生によっても違いましたけど。服装から、しゃべり方まで、北海道とは違いましたね。あっち（北海道）は、シャツを着てスラックスが普通でしたけど、沖縄の先生は自由ですね。ジャージで学校に来る先生もいるし。下はジャージで、上は、学校のシャツというか、自分の勤めている学校名が入っているポロシャツとか。本当に自由ですね。先生と子どもとの間の言葉遣いも、「えー、あんたよ」みたいな、非常にくだけたというか、そんな言葉でやり取りがありますね。

北海道では、子ども同士も、先生から子どもへの呼びかけも、「さん」付けでしたから、これは、ちょっと驚きでした。しかし、私はその「緩さ」は必要であると。確かに大学生の頃は、その学校風土のギャップに驚きました。しかし、現場で子どもやその親御さんとかかわるなかで、感じるのは格差です。この「差」は、経済格差、学力格差、経験の差など、様々な「差」があります。子どもとその家庭の実態に格差を感じるのです。もちろん、これは沖縄に限ってのことではありません。ただ、本土と比べて格差が大きいように感じています。だからこそ、いわゆる「緩さ」が必要なのではないでしょうか。少し言葉を換えるのであれば「子どもの受け皿の広さ」かな。この「受け皿の広さ」は、決して悪ではないと思います。

沖縄で尽力されてきた先生方が、沖縄の子どもやその背景にある家庭の実態とかかわってきて構築した沖縄ならではの風土なのだと思います。大切なことは、私のような教師がその「緩さ」に抗《あらが》うのではなく、うまく順応していくことです。変えるべき所と変えるべきではない所を見極める必要があります。

沖縄の教師の服装の自由さを語り、学校の緩さを北海道との比較で語る。また、教師と子どもとの距離感の近さを感じつつ、しかし、経験値を重ねるごとに、子どもの実態をつかむようになる。例えば、目の前の子どもは、提出物を締め切りまでに出さない、じっくり最後まで考えるというねばりの弱さである。

…出来なかったら、出来るように努力するというのが普通だと思うんですけど。算数でも、ちょっと難しい問題が出たら、もう投げ出す。わからん、って。粘り強さというか、最後までしっかりやり遂げるという点では弱い感じがします。話は違いますが、驚きだったのは、参観日でした。親の出席がものすごく少ないですね。北海道では、逆に欠席者が少ないですね。ここでは、出席者が少ないので、出席者が目立つ感じ。クラスの子どもの半数近くが、片親とか生活保護なので、生活が大変で、仕事だから来れないのかな。

西尾先生は、今年、教職９年目を迎えている。学校では若手ながらも主任を任され、学校の中堅として充実感を味わいながらも、最近は、沖縄の教師の「貪欲さのなさ」を強く感じているという。

学級が荒れていなければ、「よし、ＯＫ」という感じで、さらにその上の学級経営を目指すとか、そんなことはないですね。ひとつひとつ積み重ねるように、さらに上の理想を求めるとか、そういう感じはないですね。前向きさがないというか、貪欲に学んで、自分のものに活かすとか、そんな感じはしません。また、私が、全国の研究集会に出席したことを聞くと、内容も何も知らないのに「凄いねえ、頑張るねえ」と言われたりするんですね。ちょっと変ですよね。

学校の校内研修の担当をしている手前、県外から有名な先生が指導助言で来るので、先生方に代表で提案授業をお願いするんですが、皆さん、しませんね。私だったらすぐに手を挙げるんですが。職員会議でもほとんど発言はありません。だけど、会議が終わると、お茶のみ場で、あれはどうとか、こうとか、話が出ます。会議で出せばいいのに、といつも思っています。

西尾先生は、沖縄の公立の学校で勤務しているが、頑張り屋の性格ゆえ、さらに自身の高みを目指して国立の研究校での勤務を希望している。彼にとって、研究校の教師は、やはり公立学校の教師と違って、「勉強している」という見方だ。そうした仲間と切磋琢磨《せっさたくま》したいというのが本音であろう。現任校は5年目であるため、異動対象である。彼の次の新天地は、どこになるのか、楽しみである。そして、県外出身の西尾先生が、沖縄の学校や教師、子どもと揉まれていくなかで、どのように成長していくのか楽しみである。

8. 進んだ東京？ 遅れた沖縄？ ―元小学校教師・金城さん

金城さんは、小学校の校長を退職後、市の要職を歴任した。てっきり、ウチナーンチュの女性と思っていたのだが、本州の中部出身だと聞いて、意外な感じがした。見るからに沖縄のお母さんという感じだ。小柄な身体からは想像できない程、信念をもって体当たりで教育活動にあたってきた、そんな感じである。大学教員の私は、金城さんと度々教育関係の会合でお会いし、酒席もご一緒したことがある。公職を退《しりぞ》かれた後も、大学内で開催されたシンポジウムや学会にも足を運んで頂いた。メールで、今回の聞き取りの件を伝えた。快諾して頂いた。3年程前にリニューアルされた大学の学食で、2か月ぶりにお会いした。金城さんはアイスカフェオレ、私はアイスコーヒーをすすりながら、たわいのない会話から聞き取りは始まった。
金城さんは小学校低学年の頃、父親と死別する。金城さんの生い立ちについてこれまで聞いたことはなかったので驚いたが、とつとつと語るその表情には、冷静にして自身を客観視し、しかも女性としての芯の強さを垣間見た思いであった。金城さんの家庭はどん底の生活が続き、自身も病気がちであった。

私の家は創業から12代続いた鮮魚商を営んでいました。鮮魚商として小売りだけでなく、料亭に鮮魚を卸《おろ》したり、冠婚葬祭の仕出しや蒲鉾《かまぼこ》の製造をしたりして、本当に手広く商売をしていました。休日や正月もない仕事だけの毎日で、小さい頃から、サラリーマンの家庭を羨ましく思っていました。父が亡くなった時、私は、7歳でした。私は病気がちでしたね。夏休みなどの長期の休みの時には、母の実家に預けられていました。そんなわけで、家庭の負担になっていたんだと思います。

保守的で封建的な土地柄に息苦しさを感じていた金城さんは、自身の家が大家族であり、人間関係が複雑であったこともあり、高校生の頃に開拓伝道者からキリスト教入信の誘いを受け、洗礼を受けている。浄土真宗が生活の一部として定着し信仰心の厚い土地柄であったため、キリスト教を信仰することは異端の宗教に染まることであった。母親は、金城さんの洗礼について激怒した。こうした事情と「大都会の東京に憧れていたから」という理由で、金城さんは、東京六大学のひとつに進学した。大学の日本文学科の門を叩くが、3年次になって、小学校の教員免許を取得するため、初等教育学科に移った。教員採用試験は一発で合格し、都内の小学校で11年間、教職を経験する。

やはり大都会東京でした。刺激といいますか、教師の研修環境といいますか、多くの教育実践者や研究者、また教科書会社の関係の方々が沢山いらっしゃって、自分が求めるならいくらでも学ぶことが出来る環境は貴重でした。職場の先生方も、仕事には熱心で、全体でまとまってワイワイするようなことはあまりなかったんですが、仲の良い数名の同僚で食事に出かけ、濃い関係を作りました。そこで色んな話をしてくれて。個人的なつきあいはすごくありました。東京の先生方はユニークな方が多かった。

沖縄出身の男性と結婚し、2児をもうけるが、当初、「どこの馬の骨ともわからない」と、夫の実家からは結婚の反対もあった。都内で生活をしていたが、那覇出身の夫は事業を起こすために先に沖縄に帰り、金城さんは、子育てをしながら東京での勤務を続けていた。金城さんにとっ

て、沖縄は南のはるか遠い島であった。この頃、もちろん沖縄での生活は毛頭考えていなかった。沖縄はすでに日本復帰を果たし、十数年経っていたが、金城さんは沖縄についての情報はそれほど持ち合わせていなかった。しかし、実家の母親から「あんたは結婚して子どももいるのだから、子どものために沖縄へ行きなさい」と背中を押され、沖縄移住を決意する。33歳の頃である。夫を頼りに、子どもを連れての沖縄移住は人生最大の岐路であったし、大きな決断であった。

本州の中部と東京の生活文化に慣れていた金城さんにとって、沖縄での生活と教師生活は戸惑いの連続であった。「沖縄の子どもは、きっと純粋だろう」と思っていた金城さんは、初めての赴任先で、駐車場に停めてあった自家用車のガソリンが抜き取られる等、考えられないような衝撃的な場面に出くわす。ガソリンを抜き取ったのは10代後半の少女たちであり、簡易ポンプでガソリンを抜き取り、バケツに入れて盗んだ。バケツを担いだ彼女たちは、駐車場で何食わぬ顔で金城さんと顔を合わせて消えたのだという。

学校からの帰りに、駐車場で車のエンジンをかけようとしたら、満タンだったはずのガソリンがエンプティ（空）になっていたんですよ。あっと思って。散々ですよ。こんなの日常茶飯事なんですよ。あの時の学校や地域は。一九八〇年代でしたね。

金城さんは中部と東京の生活では「考えられない」事態を立て続けに経験し、子どもの教育を根本的に考えなければならないと意気込むようになる。

本島中部の学校に赴任しました。東京での11年間の経験がありましたので、あの時、やっぱり外から来ましたので、東京の教育は進んでいる、沖縄は遅れているという先入観があったんですね。どこかにね。だから、私がね、この子どもたちに、より質の高い教育を出来るかもしれないと自惚《うぬぼ》れていた所もあったんですね。そういうところで、私と子どもたちの間にギャップがあったんです。

最初は、やっぱりつらかったです。子どもとの関係がね。自分が受けてきた教育を子どもにも課すわけですから、子どもには厳しかったですね。厳しい先生でした。本州の中部で受けてきた教育や東京でしてきたことが色濃く出ていますね。自惚れていたんです。中央と比べて沖縄は低いなんて、とんでもない。もう、間違っていたな。ただその時には、この子どもたちのためだと思って。そう思うと突き進むタイプでしたから。

金城さんは、慣れない沖縄で子育てをしながら、東京の教職経験をもとにした指導をしようとしても目の前の子どもとの間における葛藤に悩む日々を送る。沖縄の子どもの置かれている状況

に沿いながら指導をするというよりも、東京の教育を沖縄の子どもに当てはめていこうとする意識が先行した時期であった。また、保護者の子どもへの接し方や対応についても、東京との違和感を抱くようになる。

保護者は、子どもに関心を持っていないな、と感じましたね。親自身も世の中のことにあまり関心をもっていないようで。ただ、人情味が厚くて。例えば、家庭訪問の時。東京では、玄関先で失礼するのが普通なんですけど、沖縄でも玄関先で失礼しようとしたら、親が怒るんですよね。「何でですか、先生」って。1年に1回しかない家庭訪問なのに。膝を交えてですね、そんなことに思いが至らなかったですね。今でも、申し訳ない、すまないって。保護者は、もっと先生と身近になりたいと。東京では、その辺は違いましたけど。

でも一方で、沖縄の親は共働きが多く、親も忙しいんです。それで、テレビやゲームに子守をさせるんです。親の方は、放任とは思っていないと思いますが、やっぱり、子どもへのかかわりが弱いというか、かまってあげていない感じは強く待ちました。

勤務時間後、夜にＰＴＡの集まりがあるとか、私はとっても嫌でしたね。東京では、ＰＴＡの会合も勤務時間内にありました。昼にありましたね。ＰＴＡの役員の方も自営業でなければ全て女性。そうじゃないと集まることが出来ないから。ＰＴＡの視線は厳しかったですね。どの先生は何時頃帰る、とか、年休が多いとか、お産でよく休むとか。色々言われました。沖縄は、逆で、優しいね。

金城さんは、初任校と2校目は、特に、子育てと仕事で多忙を極めた。2校目は7年間も勤務していたが、当時の同僚のことをほとんど覚えていないほど、目の前の仕事と子育てに没頭した。慌ただしい日々を過ごし、必死だった。金城さんは、沖縄の同僚教師のことについても、職場内での良好な関係を感じるが、仕事についてはカルチャーショックを覚えながら仕事をしていた。

東京では、○○○先生とか、○○○さんとか、名字で呼ばれるのが普通。でも、沖縄では、名前で△△先生、△△さん、と呼ばれる。そういうカルチャーショックはたくさんありましたね。東京と比べて、親しげというか。また、政治家の方が教育の場に来て「□□さんを宜しく」なんてこともあった。教育の場に来て、候補者が選挙運動するなんて東京では考えられない。そんなこともありました。これにはびっくりしました。沖縄では、職場が和気あいあいですね。ただ、時間にも仕事についても良くも悪くも、なあなあ（曖昧）なところがあって、当時の私はそんな態度に不満と疑問を感じていました。東京ではノルマを期限までにきちんとこなすことが厳しく求められていましたから。

金城さんが沖縄へ移住した頃は、主任制闘争で管理職と教職員組合が対立していた時期である。この主任制とは、１９７５年（昭和50）の学校教育法施行規則の一部改正によって制度化されたもので、学校運営の充実と能率化を目ざすという名目であった。校長と教頭のほかに、教務主任とか研究主任等の「主任」という職階を導入し、手当（1日２００円）を支給しようとしたものである。学校に中間管理職を導入するものであった。これの導入をめぐっては、当時の文部省と日本教職員組合（日教組）は対立し、現場では、校長と教職員組合（分会）の間で激しい闘争がみられた。沖縄では、特に、主任手当の拠出をめぐる対立は１９８０年代以降も続いた。

金城さんは、民間企業の社長だった義父からは、「沖縄の先生たちは、ストライキとかデモばかりしていると評判が悪い」と言われたが、「現場では、絶対、教師批判はするな。沖縄には、沖縄の歴史があるのだから」と釘を刺されたようである。対立状況が続く学校現場で、教師批判をすれば、現場から排除されかねない、そうした杞憂《きゆう》を義父は持っていたのだろう。

沖縄の歴史を知らないで現状を批判することについて、義父は「慎重であれ」と言いたかったのだろうと。そうした沖縄の現状を知ったうえで、「沖縄の教育のために頑張りなさい」と激励してくれた。私は、主任制闘争の頃に来たもんですから。校長と組合の分会は相当対立していましたね。東京では、普通に主任がいたんですが、沖縄では違う。私は、教育

委員会主催の行政研修に出ていたもんですから、「行くな」と組合の先生に言われましたけど。官製研修反対、と。でも、私は行きました。

東京ではすでに主任制は導入されていたため、金城さんは、それは学校の組織としては当然のことと考えていた。向学心に燃え、学びを深めたかった金城さんにとっては、官製研修であろうとなかろうと、受講する意思は強かった。組合の反対にもかかわらず、意に介することはなかった。また、金城さんは、沖縄の学校で広く活用されている業者作成の学習ノートについてはかなり厳しい見方をしている。県内の業者が現場教師の力を借りて、国語や算数、社会や理科等の授業で活用できるノートのことである。これらのノートは、使い方を間違えると、穴埋め方式の平凡な授業になりかねない。金城さんは、語気を強めて述べる。

沖縄の教材で気になったのは、学習ノートでした。市販のノートではなく、業者が作った算数ノートとか、国語ノートなんか。あれなんか使っていたら、授業に深まりがないし、第一、教材研究なんて出来ない。非常に問題ですね。東京では、ノート指導をきちんとしていました。あれは、先生を怠けさせてしまいます。

金城さんのこの発言には恐縮した。私自身も小学校の教師をしていた頃、社会科のノートの編集作業をしていたからである。授業の展開の中で効果的に業者ノートを使うことも大切であるが、ノートの紙面通りに進めると、平凡で穴埋めをする授業になりかねない。教師の板書力と子どもへのノート指導は不可分であるが、業者ノートの活用方法を間違っては、教師の力を削ぐ恐れはあるだろう。

さて、金城さんは教頭や校長に昇任し、その間、教育行政職も経験している。金城さんを「上」に引き上げる有力な存在があったからである。金城さんのよさを認め、引き上げるよき上司との出会いであったのだろう。校長退職後、市の要職に就くが、一方で、周りからの嫉妬《しっと》を感じていた。女性であり、他県出身者でありながらも、要職に就いたことへの陰口もあった。

自分は、授業が上手というわけではなく、だからこそよい授業ができる教師になりたいと心から願っていました。授業が上手にできる教師になりたい、その一心で教師生活を送ってきたように思います。教師時代は研修にそれこそ熱心に取り組みました。私を引き上げてくださった先輩方はその姿勢を評価してくださったのだろうと思う。校長になった時も学校経営の中心に校内研修を位置づけました。校内研修を通して、教師が成長していく様子は管理職としての喜びとやりがいを感じさせられました。私は、今でも指導主事という仕事に敬意と魅力を感じています。
でも、私は、外から見れば、仕事では順調に昇進したのだなと思われるかもしれませんが、いつも心の中では葛藤の連続でした。それは、自分の実力の無さを常に意識していたからであって、また、思ったことを率直に言ってしまう自分の性格が不必要な対立を招いてしまうことがあったからかもしれない、いま、振り返ってそう感じています。いまでも、自分で気にしなければ別にいいのですけど、妬《ねた》みとか、嫌みとか。もうそれは、一杯あります。もう、女性の仲間からもされましたし。

金城さんの「葛藤の連続でした」の言葉に、県外出身でしかも女性で学校の管理職や市の要職に就いた苦労が滲《にじ》み出ている。地縁・血縁関係のない地での生活やその土地で育った者に対して指導する立場になった金城さんは、「妬みとか、嫌み」を買いながら、職務に没頭した。金城さんの語りから、県外出身の者が地域に溶け込み、地域の者と協働関係を築きながら、認められることの難しさが伝わる。

9．まとめにかえて

県外出身の教師は、どれくらいいるのだろうか。また、その教師は、毎日、どのような思いで沖縄の子どもや保護者、そして同僚教師に向き合っているのだろうか。こうした素朴な問いから出発し、「県外出身の沖縄の教師」について調べ始めた。『職員録』から県外出身者を集計し、２０１８年の11月から12月にかけて、県外出身の教師とアポを取り、聞き取りを行い、その内容を文字に起こした。その内容は、聞き取りの対象者に確認してもらった。

30代前半から70代手前の５名から、沖縄での教師生活を中心に語って頂いた。出身も年代も異なり、あたりまえのことであるが、沖縄への移住の理由も実に様々であった。聞き書きの内容は、少数の県外出身の教師の沖縄の学校や教師に対する見方・考え方を紹介したに過ぎないが、その声はいずれも興味深かった。

聞き取りを通して見えてきたことは、沖縄の学校にもテーゲーで済まそうという雰囲気があって、その中で、県外出身の教師が葛藤を抱えている姿がみられたことである。テーゲーは、「大概（たいがい）」の琉球漢字音で、大体とか適当、まずまず、なあなあ、といったニュアンスを意味する。県外出身の教師は、物事について徹底的に突き詰めて考えず、程々の良い加減で済ますというテーゲーが沖縄の学校の中にも浸透していると感じている。関西での教職経験もある守山は、沖縄の清掃活動の手順や運動会の練習を事例として挙げ、なかなか全校で統一的な方法や手順を徹底できない学校文化を語っている。これは、学習指導や学級経営を含む教育活動全般が個々の教師の力量に一任され、学校の統一した方針とその実施、そして検証という手続きが沖縄ではなかなか浸透していない状況を示しているともいえる。近年は、学力向上にかかる県の方針もあって、状況は変わりつつあるが、それでも守山が感じる沖縄の学校のテーゲーを語る県外出身者は多い。鈴木の語りは、沖縄の学校文化に横たわる緩さ、テーゲー主義に対して5人の中で最も批判的であり、組織体としての学校のルーズさについても言及した。また、保護者の子育ての態度は〝放任〟と感じ、もっと子どもとのかかわりを大切にすべきだと語る。これは、守山や金城の発言にも同様にみられる。母親である鈴木と金城は、保護者の子どもへのかかわりの弱さを語った。鈴木からすると、沖縄の学校には程よい緊張感が必要であろう、ということである。こうした沖縄の学校の独特な空気感については、青年教師の西尾も気づいている。西尾は、教師の服装のラフさ、提出物の〆切を守らない緩さについて言及し、その学校の空気感で生活している沖縄の教師の緊張感のなさや貪欲に学ぶ姿勢の弱さを指摘している。

これらの語りからいえることは、緩やかな関係性の中で日常生活を営んでいるウチナーンチュの姿であり、これは、〝規律〟や〝徹頭徹尾《てっとうてつび》〟の世界とは距離感があることを示している。だが、その中でも守山は、当初、沖縄の学校の緩さに戸惑うが、無意識のうちにそれを受け入れ、順応していったことを正直に述べている。現在、小学校の教頭職であるが、いずれは校長となって学校経営を担っていくことだろう。その時には、関西の教育の臭いは全く消え失せ、ウチナーンチュの管理職として緩やかな学校経営をしているのかもしれない。

坂井は、沖縄の島の学校と地域の文化に早くから溶け込み、自然体で住民と暮らしてきた。そのため、沖縄のテーゲーとの葛藤や軋轢を感じることはなかった。むしろ、島の生活と教師生活については十分な満足を得ていた。しかしながら、坂井にとって、「よそ者」としての疎外感を強烈に印象づけたことは、退職後の坂井に対する処遇のなさである。むら社会においては、慣例的にむらの出身者が優遇されることがままあり、あるいは、むらの「空気」（山本七平『「空気」の研究』）によって決まることもある。坂井の語りは、長年、島の教育と復興に尽力したといっても、むら社会の中で認められることの難しさを物語るものである。「力のある管理職経験者」ではあったが、坂井は、「上」に引き上げられることはなかった。坂井の地道な教育実践活動と島おこしは、自身にとっても大きな財産であるが、最後まで県外出身者＝よそ者のレッテルはついて回ってきたといえるであろう。

金城は、当初、沖縄の教育を東京の尺度から見ていたことを告白し、「進んだ東京」の教育を沖縄の子どもに施そうとしていた現職の頃を、「とんでもない。もう、間違っていたな」と述懐している。かつて、浅野誠（教育研究者）は「進んだ本土、遅れた沖縄」観が沖縄と日本本土を見ていく際の物差しとしてあったことを指摘したが、金城の語りは、これを想起させた。子どもとの関係性に腐心し、マネジメントに自分の力があることを悟った金城は、管理職や行政職への道を歩み、多数の地元出身の「力のある管理職経験者」の中から、さらに「上」に抜擢される。「力のある管理職経験者」とは、例えば、教頭や校長等の管理職の経験だけではなく、現役の頃に県教育庁や教育委員会等の行政職の経験がある者である。さらには、首長や議員と知古であったり信頼もあったりすれば、校長退職後、要職に就く可能性は十分ある。こうした実情の中で、県外出身の金城は、妬みや嫉妬《しっと》を感じながら、要職に就いた。首長からの信頼が厚かったからだといえるが、県外出身者が要職に就いた例は、ほとんどない。その意味でも、金城の事例は稀だろう。

5人の県外出身の教師からそれぞれのライフストーリーの絡まりの中で、沖縄の学校や教師、子どもや保護者に対する見方・考え方を聞くことができた。彼らの見方・考え方は、沖縄の教師生活の中で変化し、いつの間にか〝沖縄的なもの〟が自身の身体に染み込んだものもある。今後も、たわいもない話をしながら、県外出身の沖縄の教師の語りに耳を傾けたい。

〈参考文献〉

①東江康治「沖縄児童の測定知能の発達的考察」（琉球大学教育学部『研究集録』1959年、所収）。

②嘉納英明「学校と地域での学びをふりかえり、これからを考える～小中学生の頃に培われた力は何か～」（名桜大学教員養成支援センター編『平成30年度　名桜大学教員養成支援センター年報』２０１９年3月、所収）。

③嘉納英明「復帰後沖縄における学校管理規則の改正と主任制導入問題―那覇市における主任制導入問題に焦点をあてて―」（水野益継監修『Recurrent Education―移動大学の活眼と郷学講義録23講―』琉球大学教育学部移動大学研究会、２００２年、所収）。

④浅野誠著『沖縄教育の反省と提案』明治図書、１９８３年。

⑤山本七平『「空気」の研究』文春文庫、１９８３年。

コラム

作文指導

沖縄の教師は、作文指導に熱心であった。作文だけではなく、絵画指導や習字、版画にも熱心であった。作品は、地元の新聞社主催のコンクールに出品され、作品と子どもの名前まで掲載された。新聞掲載の日には、子どもだけではなく家族全員、喜びに包まれる。担任の教師は時間をかけて指導していたはずである。さて、私の小学校4年生の時の担任の作文指導は、実に細やかであった。400字詰め原稿用紙に、まずは書くことを勧めた。とりあえず書いて担任に手渡すと、別の表現方法や言い換えについて朱書きしてきて、何度も、提出を求められた。最終的にまとまった作文は、原型をとどめていないものとなったが、表現方法や言い換えなどについて学び、表現することの楽しさを味わったものである。その頃、ペンだこができた。

いまの教師は、あまりにも忙しくて、子どもの短い日記に簡単なコメントを記すことさえ難しいのではないかと思うが、子どもの生活の中で教師は保護者と同様に大切な言語環境である。

第2章　異業種経験の教師
——営業、マーチング、煙草代——

1. 近年の教職をめぐる諸事情

教職の世界にも、他の職種と同じように「働き方改革」の波が押し寄せてきた。しかしながら、その状況をみると、文科省の指針は示されたが（例えば、「学校における働き方改革に関する緊急対策の策定並びに学校における業務改善及び勤務時間管理等に係る取組の徹底について（通知）平成30年2月9日」）、都道府県や市町村教育委員会レベルでの議論はこれからであり、効果的な対策については、いまだ十分実を結んでいない。教師がゆとりをもって職務に専念できる環境整備に向けての議論は始まったばかりである。教師の仕事は長時間労働であることがこれまでも繰り返し指摘され、その対価が十分評価されていないのではないかと言われてきた。また、若者の教職に対する見方は冷ややかである。教師の免許状を持っていても臨時教師を申し出る者は少なく、学校によっては、教師が足りず、授業の時数が確保される見通しも立っていないところもある。昨年の暮れ、知り合いの某中学校の校長から、「家庭科の担当者が病休で休みに入り、臨時を探しているがなかなか見つからない。家庭科の免許状がなくても他の教科の免許状があれば、臨時の免許状を出すから、卒業生を紹介して欲しい」と依頼された。学校現場でも、人手不足であり、異常事態である。

〝教職はブラックだ〟という認識は大学生の中にも浸透し、免許状を取得しても採用試験を受けない。条件のよい民間企業へ流れる傾向がある。県外では、ここ数年で教員採用試験の倍率も落ちてきた。競争倍率が３倍を切ると、関係者の中からは質保証について懸念される声が出るが、しかし、都道府県によっては、危険水域に近づいているところもある。教職の世界へ熱意のある若い人材を誘うためには、抜本的な「働き方改革」を断行し、教師が気持ちよく働ける環境整備を着実に進めるしかない。

全国的に教職をめぐる状況が厳しさを増している中で、沖縄の教員採用試験をめぐっては、少しばかり趣《おもむき》が異なる。県民の教師を含む公務員志向は根強く、採用試験の倍率はずっと高止まりしている。親が公務員であれば、子どもの将来の職業として公務員を勧めるし、親が公務員でなければ、なおさら子どもには公務員になってもらって生活の安定を願う。「大学を卒業したら安定している公務員になって欲しい」「子どもが公務員であれば、結婚相手も公務員の方がよい」「結婚相手は最低でも公務員」という話は、私の周辺ではよく耳にする。国内の地方であれば、若者の公務員志向は強いといわれているが、沖縄は、特に、強い。県内には大手の企業がないことから、電力会社や地元の銀行、〝準公務員〟と呼ばれている基地内従業員と並んで、県庁職員や市町村役所（役場）の採用試験の倍率は軒並み高い。もちろん、公立学校の教員採用試験の倍率は、それらと比べても遜色なく高い。沖縄の場合、教員採用試験の倍率が高止まりしているのは、毎年、試験にチャレンジしている者も少なくないからである。大学を卒業して10年以上も経ち、結婚し家庭をもち、そして臨時教師をしながら受験する者も少なくない。夫婦共々、臨時教師で生計を立てている者もいる。大学卒業と同時に、中学校や高校の教員免許状を取得したが、高倍率と採用枠が狭いため、なかなか試験を合格できずにいる者もいる。彼らの中には、通信課程で小学校の二種免許状を取り直して小学校の採用試験を受験し始める者もいる。中学や高校の教科の採用枠は数名から10数名程度であり合格するのは至難であるが、小学校の採用枠は、ここしばらく200名を超えている。採用試験対策を抜かりなく頑張れば、その枠内に入ることができるという希望が持てるからである。

また、いったん、教職以外の異業種に就職した後、採用試験を受け直して教職に進む者や、県内外の通信課程で免許状を取得し、採用試験に挑戦する者もいる。沖縄では、教師を含む公務員と教職以外の異業種（特に、中小企業）での給与を含む労働条件は、雲泥の差があるため、将来の生活保障を求めて、教職に繰り返しチャレンジしている事情があるからである。一人当たりの沖縄県民の平均所得は220万円程度であるが、公務員は安定した給与と年2回のボーナス（勤勉手当・期末手当）の支給があるため、沖縄では人気のある職業のひとつである。退職金の額も、民間企業からは羨望のまなざしである。私は、大学の講義（教職科目「教育制度論」2単位／必修）で教師の身分や待遇について取り扱うが、給料（基本給）以外に、教職調整額（この手当の支給により教師の長時間労働や多忙化に拍車がかかっているという背景もある）、へき地手当、主任手当、扶養手当、通勤手当等の諸手当を説明すると、学生の目の色は変わる。一流企業並みの諸手当に驚き、退職金２、０００万円以上（勤務年数による）とその後の年金支給に、自らの将来の生活を重ねているのだろう。沖縄では、教師を含む公務員の厚い処遇だけをみれば、明らかに魅力的な職業のひとつとなっている。

２．異業種経験の教師から話を聞く

教職課程や教員養成を語る場合、４年制大学又は２年制の短大を念頭において議論したり、あるいは教職大学院修了を前提として議論したりする。文科省から示される教員養成のモデルや各大学の教員養成計画も、基本的にはこうした構図である。これらの場合の教職採用初年次の年齢は、短大卒の場合は20歳であり、教職大学院修了の場合は24歳である。こうした20代前半の者が大学（短大）卒業・大学院修了と共に採用される場合も当然あるが（彼らの受験対策が奏功したのであるが）、実際は、大学卒業と同時に教師になるストレートティーチャーばかりではない。4月の辞令交付式は、年齢が一様ではない者が一堂に会している。沖縄では、先に述べたように、毎年、繰り返し採用試験にチャレンジする者もいるし、また様々な職種を経験してきた者が学校の中で混在し、教壇に立っている。後者の例はけっして多くはないが、彼らは教職以外の異業種を経験し、最終的に教職を選択したのである。
異業種を経験した教師は、最終的に教職を選択したのはなぜだろうか。学生時代に教職課程を選択しなかったのはどうしてだろうか。異業種を経験したことは、現在の教職生活にどのような影響を与えているのであろうか。彼らと身近に接していると、こうした疑問が沸きあがってくる。そこで、ここでは、特に、ストレートティーチャーではない、異業種経験の小学校教師に焦点をあてて、教師を目指すことになったきっかけやその背景、異業種経験の立場からみえる学校の風景を紡いでみたい。彼らの見る学校の風景は、異業種の経験というフィルターを通して見えるものであり、自身の経験知を尺度として学校や教師を見定めているものと思われる。また、異業種を経験した者の学校や教師の見方・捉え方は、沖縄の学校（教師）像を別な角度から読み解く材料を提供するものといえるのではないか。ここでは、年齢も経歴も全く異なる3人の異業種経験の教師が登場する（「表1．対象者の属性」参照）。

表1．対象者の属性

語り手	性別	年齢	出身	学歴	教職に就く前の職種	教職経験
T	男	40代	うるま市	工業高→通信制大学	水道管工事、営業	13年目
M	男	20代	石垣市	普通高校→大学中退、短大	コンビニ、土木、トラック運転手	3年目（臨時）
H	男	40代	うるま市	普通高校→3浪→通信制大学	塾講師、県庁臨時、コールセンター	10年目

３. 営業職から教師を目指したT

Tは、40代の中堅教師である。現在、教務主任を担い、多忙な毎日を送っている。教務主任は、教頭の補佐的な仕事であり、教職員をまとめる重要な役割である。対外的な仕事も入ってくる。蛇足であるが、長時間勤務かつ責任あるポストであるが、その手当は一日、わずか、２００円である（主任手当というが、正式には〝教育業務連絡指導手当〟という）。土日を除くと月20日程度の出勤であるので、４千円程の手当が給料に加算される。仕事の内容とは全く見合っていない手当の額である。

さて、Tは30代になって教員採用試験に合格し、私の長女の担任をしたことから知り合い、私が所属している小学校の教科研究会にも参加した。母親は、小さなスナックを経営し（今は店を閉めている）、父親は海人《うみんちゅ》（＝漁師のこと）である。父親は釣った魚を店に出したりしていたようである。Tは兄弟４人の長男である。十数年前に一度だけ、母親のスナックに教師仲間と連れ立って行ったことがあるが、昭和時代を感じさせるレトロな飲み屋であった。

異業種を経験した教師からの聞き取りを考えた時、真っ先に頭に浮かんだのは、Tであった。Tの教師になる前の異業種の経験を私的な飲み会で断片的に聞いていたこともあったからである。

久しぶりに、Tと沖縄市のファーストフード店で会った（2018年12月1日）。コーヒーを飲みながら、学校の四方山《よもやま》話をしながら、Tのことについてあらためて聞いてみた。

―工業高校出身だったよね？

工業高校の設備工業科ですね。図面を引いたり、水道の配管やクーラーのダフトなんかを勉強したりしました。水道の配管や大きな病院、施設のダフトなど。学校とか民間の建物とかの。工業の3年間で、危険物取扱、制御システムとか、そんな資格も取りました。音響関係も取りましたし、計算検定とかもですね。教師となった今となっては役には立っていないんですが。ただ、資格の更新はしていないので、失効しているのではないかと。

あの時代はキャド（CAD＝コンピュータを活用して設計すること）はなかったので、ドラフター（製図用に特化された製図台）で設備の図面を引いたりしましたね。ガス溶接も取りましたね。生徒の動機付けもあると思うんですけど、学校は、資格取得には一生懸命でしたね。それで、いろんな資格を取りました。

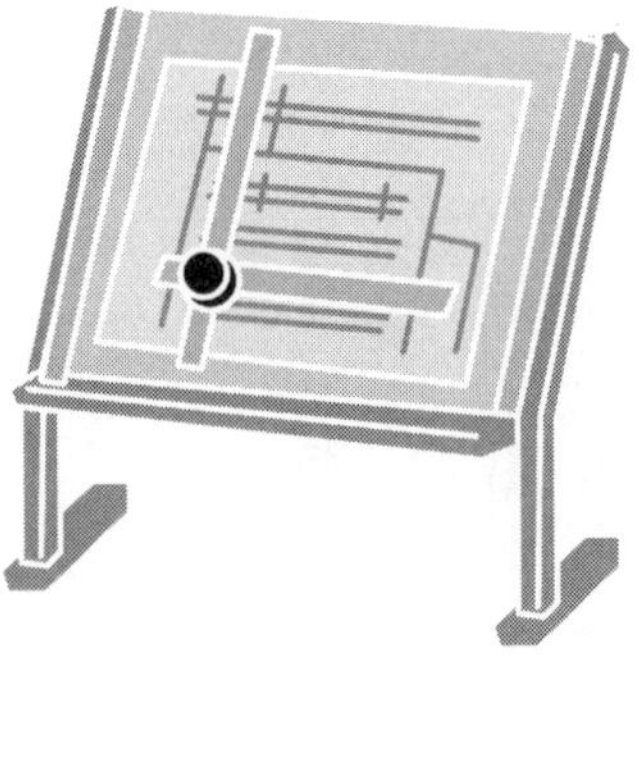

―高校の時は、どんな生活？

工業だったこともあって、やっぱり、勉強よりも、車に関心があったり、アルバイトをしたりして。やっぱり普通科の高校生とは違って。高校の時、結婚式場のアルバイトをしていました。授業が終わった後、結婚式場で駐車場係。スポット係、ライトですね。料理も出したり、新郎新婦のエスコートもしたり。平日はちょこちょこ出て、週末は、結構、入りましたね。お昼と夜の部なんかもあって。アルバイト代は、免許を取るために自練（自動車教習所）に充てて、車の購入費やガソリン代に充てて。誕生日が4月なので、早めに自練に通って、免許を取って。親からは「バイクは絶対に乗るな。危ないから」と言われていたので、車の免許を取りました。

―高校を卒業してからは、仕事に就いたんだっけ？

県内の大手建設会社の子会社に行きました。工事部というところで、現場管理人。バブルが崩壊しかけの頃でしたので、まだ、ギリギリ、仕事には就けましたね。1人でも2、3社の内定をもらったりしていました。僕が、実際に入った現場は、名護の北部病院でした。高校を卒業したばかりなので、まあ、サポート程度。病院では、職員さんと打ち合わせをしたり、水道の配管とかの図面引きの手伝いをしたり。でもほとんどは、見習いみたいなもんで。そこで、1年しました。

辞めた理由は、その建設会社には、大卒の人も結構いたので。仕事のこととか、色々話とかしていると、「自分は勉強不足だなあ」と感じたから。わからない言葉がたくさんあったりして。琉大の人とかと接していると。そんなことで、「自分も勉強して大学に行かないといけないなあ」と。ネクタイをしている人たちではないんですけど、同じ作業服を着ているんだけど、話の内容は、ちょっと違っていて。技術的なものは、もちろんそうだけど、難しい言葉も使っていたりして。「こういう世界もあるんだなあ」と。いままでの周りにいた人たちとは違っていましたね。僕の周りには、大学に行っている先輩たちとの付き合いは、なかったですね。やっぱり同級生が中心。バイク好き、車好きの連中とか。僕のクラスはひとクラスですけど、大学に行ったのは僕だけだと思います。

毎日、自宅から名護までは、行けない、遠いから。朝は7時半には現場にいないといけないので、平日は名護のアパート。他の作業員3名ぐらいと借りていて、週末、帰る、みたいな。一日中、ずっと仕事漬け。「これじゃあ、勉強できないなあ」と思って。それで1年で辞めた。アパートに帰って、大卒の人と話をして、さっき、話したように、刺激を受けて、辞めたみたいな。

―仕事を辞めたあと、どこか、学校とかに行き始める?

通信の大学を探しました。受験しようと思って。中城村に本土の大学の通信があって、法学部かなんかを考えていました。宅建がとれるとか。あまり中身を知らなかったので、そこに行けば法律とか学べるとか、弁護士とか、そんな程度の知識。受験みたいな、面接みたいなことをしていたら、他の人から、教員免許を取れる所もあるよ、と言われて、それで県内の通信の学校に行くことにしました。働きながら行くことが出来るといえば、通信かな、と。そこでは小学校も取れるし。親も自営業だし、兄弟も4人いて、経済的にも余裕がないので。厳しい部分もあったので。長男だし。高校卒業して2年ちょっとしてから、通信に行き始めましたね。20歳くらいから。午前中はアルバイトをして、それから通信の授業を受けるという感じ。

―アルバイトというのは、どんなもの？

採用試験に通るまで、ずっと同じアルバイト、仕事。写真関係の。あの頃はデジカメがない時代で、リゾートホテルに行って、現像したりとか、サンプルの写真を撮ったりして。もちろん、プロのカメラマンが同行して。僕は撮れないので。ビーチで撮影したものをお客さんに販売したりして。よくあるじゃないですか、美ら海水族館とか、観光地で、お客さんの写真を撮って販売している所。あれですよ。「写真を撮りましょうか」と言って、撮って現像して、後から、値段を付けて売っているやつ。また、ホテルとか、宴会での集合写真を撮ったり。僕は、アルバイトで入ったんですけど、「正社員になって欲しい」と会社の人に言われて、いつの間にか社員に。

この会社は、色々なホテルと契約していて、そこで店舗を構えていて。最終的には企画営業をする感じで働きましたね。あちこちのホテルに行って、「こんなキャンペーンしてますよ」とか、営業ですね。カメラマンを面接で採用したり、ホテルに派遣したり、そんな仕事もしました。カメラで撮る人、現像する人、写真を届ける人、いろんなスタッフがいて、その運営。人を割り振ったりとか。毎月の宴会情報を集めたり、アポを取ったりとか。那覇に会社はありましたけど、ほとんど行くことはなかったですね。毎日、現場に直行。

最終的には、数字を任されていました。売り上げの方ですね。毎月、どれだけの売り上げがあるか、とか。それに向けて、どういうふうに改善するかとか。ホテルに企画を持って行ったりとか、カメラマンにこうしてとか。

年末の忘年会シーズンは忙しかったですね。夏も、ビーチに行って、片っ端から写真を撮って、入り口とかに現像したものを置いて、一枚千円で売ってとか。バナナボートとかの写真。ボートに乗る前に「写しますから」と断って。「写真、撮りますから、良かったら買って下さい」とか。写す前には、ちゃんとお客さんに断りますよ。

—このアルバイトというか、仕事、どれくらいしたの？

長かったですね。28歳くらいまで。8年くらい。最後は企画課長くらいの肩書でしたね、名刺には。正社員になっていましたので。

―通信も続けていたんだよね。

仕事もずっとしていたんで、それで、通信で卒業するまで、相当、時間がかかりましたね。

―この営業職を続けたいとは思わなかったの?

もちろん、途中、ありましたよ。教員採用試験って門は狭いし。そこを考えて、もういいや、いまの仕事もあるし。食っていけるし。だけど、営業の仕事が嫌な時には、「自分は教師を目指すんだ」という気持ちの揺れ、みたいな。落ち着かない自分がいて。

―それで、教員免許は取れた?

免許自体は3年くらいで取れました。二種でした。でもそのあとも通信を続けたので、幼稚園と小学校の一種を取りました。

―教育実習の時は、仕事はどうしたの?

営業の仕事は休みました。教育実習の時には社員になっていましたからね。実習は午後5時には一応終わるので、7時くらいから、現場のホテルに行って仕事をしたりしました。仕事先の様子を見たり。実習期間だけは、そういうふうにしました。実習校は、通っていた通信の附属幼稚園でした。その頃は、幼稚園で実習をしても、小学校の実習と認められていたので。

―そもそも通信に行くことを決めたのは、どうして？

教師になりたいとか、そんなことは全く考えていなかったですね。まずは、いろんな勉強をしたいという、そんな気持ち。言葉一つ一つですね。最初の一年は、教員免許とかではなくて、本に出てくる言葉自体が、わからなかった。免許を取ろうと考えたのは、2年くらいたって。スクーリングがあるんですよ。通信のスクーリングに行って、それから取ろうと。あの頃は、新しい知識があれば、満足してましたね。わからなかったことがわかる、嬉しい、そんな感じ。社会人として勉強したい。免許が取れることはわかっていたけど、あまり、先のことは見通していなかったですね。一回一回の授業で、いろんなことを勉強して、社会人としての知識を得たいなと。それは、大きかったですね。

―卒業まで、時間はかかった？

医学部並みですよ（笑）、7年かかりました（笑）。スクーリング科目が取れなかったり。次、取るまで、何か月後とか。タイミングが悪かったりで。それで、結構、時間がかかりました。最初は本当に、社会人としての教養を身につけたいと考えて大学の通信に入ったんですが、教育実習に行って、免許を取ると、なんか教職の素晴らしさとかが、面白さとかがわかり始めて。正直、生活の安定とか考えたら、会社にいた方がいいのかなと思ったんですが、自分が本当にやりたいのは何か、とか考えて。採用試験に合格できるかできないか、わからないけど、自分には教師だな、と考え始めたんですね。だらだら、会社勤めをしながら、あれこれ考えて、どっちつかずになるからということで、会社を辞めて、臨時教師をしたんですね。

―初めての臨時は、どこでしたか？

最初、小学校の空きがなくて、児童館の臨時職員、そして幼稚園の臨時でした。公立幼稚園を1年して、29か30歳くらいの時。ある町の幼稚園の採用試験を受けたら一次は合格したけど、二次で落とされて。実技でしょう、二次って。幼稚園の採用って、役所の試験で、年齢制限にもひっかからなかったから、それで受けたんですよ。出身の町も、一次は合格しましたけど、二次はダメで。リトミックとか。自分自身がハジカサー（恥ずかしいの意）とかあって。30歳の時もダメで、その後は年齢制限でアウト。その時、小学校の校長先生が、「お前、ちょっと来い」って小学校に呼ばれて、有名な有田和正先生の公開授業の反省会で、「お前、小学校の免許持っているんだったら、小学校やれ」と言われて。それから小学校の臨時。31歳の時に小学校の採用試験を受け始めて、32歳もダメで、33歳の時に合格。その間、ずっと、臨時。でもある時、臨時を途中で切って、採用試験対策をしっかり頑張った。採用されたのは、34歳。

――営業職時代と教師になって、どんな違いを感じた?

やっぱり、まず、待遇はビックリしましたね。臨時の時からビックリでした。仕事の内容もわからないのに、こんなにあるって感じ。こんなにもらっていいのかなあって。もっとビックリしたのは賞与でした。営業の時は成績次第なので、上がったり下がったり。営業の時の一番いい時の賞与よりも、臨時の賞与が高かった。営業の賞与は大きく変動するし。給与は良かったという反面、これからはもっと大変だなという覚悟みたいなものを感じました。この給与をみたから、すごいとは思いましたけど、ラッキーとは思いませんでした。

臨時を始める前は、教師の仕事はそんなに大変だという感じはしなかった。だけど、やってみると、時間外の仕事はたくさんあるし、準備や教材研究とか、週案とか、校務分掌《こうむぶんしょう》(学校内の役割分担)とか、外から見ていた時よりも、大変。イメージよりも大変な仕事だなあって。保護者対応もあるし、地域との連携もあるし、思ったよりも幅広い仕事だなあ。どこまでやっていいのかわからないし。営業の時には、仕事ははっきりしているし、成果もわかるし。いまは、限りがないっていうのか。その辺は、営業の時と、ずいぶん、違うなと。教師の仕事は先が見えない感じ。

―高校の時の同級生と会うことはある?

時々会いますよ。同級生で大学に行って、教師になったのは、多分、僕一人だ。同級生からまず言われるのは、「お前が、教師か」と(笑)。あの時代の遊んでいた仲間からの言葉ですね。営業の仕事を辞めて、採用試験を受けることを決めた時、友達に呼ばれたんですよ。「とにかく、仕事辞めるな。お前がどんなに頑張っても、大学を出ている連中と勝負しても、勝てるわけがない」と。「お前は自分の力を過信している」と。「通信でも大学に行って、頭でっかちになっているから、足元を見ろ」みたいな。いまは、合格して結果を出しているので。いまでも「お前がなあ」と時々言われる(笑)。でも彼らの子どもも学校に行っているので、最近は、「いま、学校、大変だろう」とか言ってくれるね。

―家族は、いまの仕事についてなんか言ったりする?

いやあ、特にないですね。母親は、高校に通っていたけど、親を早く亡くして、高校は中退。母親の兄弟も多かったので、働かないといけなかった。本人は、とても勉強をしたかったと思うけど、出来なかった。それは周りから聞いた話だけど。それで、小さなスナックをしていたんだけど、その頃って、夜の仕事をしているって表に出しにくいじゃないですか。それで、一応、子どもが人の役に立つような仕事をしているので、喜んでいるんじゃないかな。教師になって、少しは親孝行になっているのかな、という思いはある。

―教職の道を選択して、正解ですか？

そうですね。良かったとは思いますよ。営業の仕事をしていたら、わからないですね。そういうこと考えたことないですから。教師になってからも大変でしたので、時間がなくて、色々断ったこともありましたし。人としても成長させて頂いた部分もありますし。良かったかな。営業の時は、お客さんファーストじゃないですか。教師だったら、子どもファーストみたいな感じになるというか、そんなことも考えたりします。その意味でも、まあ、営業の経験は、少しは、活きているのかな。

4．マーチングの指導とアルバイトに明け暮れたM

Mと出会って、まだ数か月である。小学校の教科の研究会で一緒だったことから知り合った。

丁寧な口調で話すし、ウチナーンチュの男性のように〝顔が濃くない〟ので、てっきり、県外出身者だと思っていた。大柄な身体つきなので、「ラグビー経験者ですか」と聞いたこともある。ラグビーの経験はないようだ。「異業種経験の教師」を探していたところ、「Mは、結構、色々な経験をしてきたようだよ」と周辺から聞き、ラインにて連絡をとった。「僕の話で良かったら」と返信をもらった。快諾だった。Mの勤務先の学校に出向いた。沖縄市にある私の母校である。不思議な縁だ。沖縄の12月も、午後５時過ぎともなれば薄暗い。図書館の照明を点けてもらい、端っこのテーブルで話を聞いた（２０１８年12月５日）。

―生まれは、石垣と聞いたけど。

石垣で生まれて、小学校も中学校も石垣。高校は、マーチングで有名な本島の高校へ。小学校からずっとマーチングをしていて、中学校も。小学校の時は、全国大会にも行った。楽器はトランペット。石垣は小中までは、マーチングは盛んだけど、高校にはないので、本島の高校に進学した。中学校の顧問の先生が「お前が行かなかったら、誰が行くのか。お前が代表で行って来い」と言われて。友達の中にも、もちろん、高校もマーチングをしたいやつもいたけど、弟がいるとか、お金がかかるとか、経済的なことで、行けな

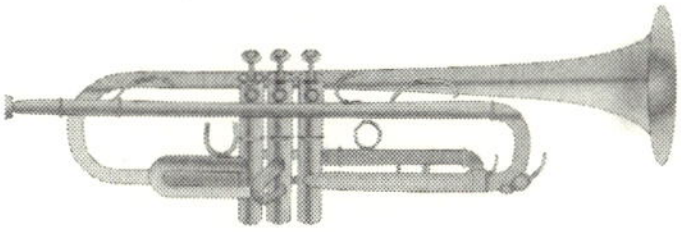

いやつもいた。仕送りとか、大変で。島にはいろんな事情があって。諦めていて。高校もマーチングを続けたいやつは、部員の3分の1くらいはいたけど。どうしようかなと迷ったけど、パワフルな顧問の先生の声で決めた。親は、どっちでもいいよって。

浦添に母ちゃんの従妹のおばさんがいて、そこに居候。そこから高校へ。毎日、自転車で。15分くらい。雨降りは大変だった。そんな時は、送ってもらったこともある。

—家族のこと、聞いていい？

僕は4人兄弟の末っ子で、父ちゃんは土木。母ちゃんは私立の保育園の保育士。父ちゃんは道路の側溝を直したり、小さな会社勤め。長男は10歳くらい離れていて、グレて。高校も途中で辞めて。逆に色々やって、親に、アメリカに半年くらい飛ばされて。たまたまアメリカにいる親戚の家に。いまは、内地で起業して。次男は石垣の民間で営業。二世帯で、親と住んで、結婚している。三男は福岡で結婚して。

—末っ子を本島の高校に出したんだ。高校生活は、マーチングばっかりだった？

マーチングしかしていない。本当に、のめり込んで。先輩の3年生と2年生はオランダ大会に行っているメンバーで。僕たちの学年は行っていなくて。下の学年は行っているし。留年も考えました。オランダに行きたいがために。本島の高校に来たのは、もちろん、マーチングをしたいからというのもあったけど、正直に言うと、指導者になりたいというのが理由で。マーチングの指導者。マーチングを広めたい。高校に行くことを決めた時から、マーチングの指導者になろうと。行くんだったら、指導者としてのスキルを磨きたいと。

高校に行くと、いろんなつながりができるだろうと。１００名を超えるメンバー。教えるスタッフは、12名くらい。卒業生でＯＢ、大学生もいた。顧問の先生は音楽の先生。マーチングの練習をしながら、スタッフの動き方とか、指示の出し方とか、どんなことを言っているのかなとか、そんなことをいつも観察していた。

―飯を食っていくためには、別に仕事が必要だけど、そのことについては？

全く考えていなかった。ただ、単純にマーチングの指導者になりたかった。そういう具体的なイメージはなかったですね。なんとかなると考えていたんじゃないかな。

―高校の卒業の頃、どうしていたの？

高校を卒業したら、とりあえず、大学に行こうと考えて。通ると思っていた県内の私立の大学は見事に落ちて。どうしようと思って。その後、アクションを起こさずにいたら、いきなり、卒業前に、アメリカに行こうと思った。アメリカにはマーチングのクラブチームがあって、そこに入りたいと。オーディションがあって。いままでチャレンジした先輩もいたので、どんなか、聞いて。そしたら、トランペットのテープを送って。どこかに空きがあれば、取ってくれるはずと思って。2月にコロラド州のデンバーに行って。アメリカは初めて。そこで、オーディションを受けて、そして合格して。一人で行って。語学はダメですけど、若いから怖いものなしで行けたみたいな。アメリカの演奏のスキルよりも、僕の方が高いと思っていたけど。だけど、見せ場をつくるというか、ノリというか、それは凄かったですね。沖縄に帰ってきたら、もうアメリカに行きたくないという気持ちになって。頑張れないという気持ちになって。馴染めないというのもあるし、語学も全然ダメだしで。向こうでは、頑張れないという気持ちになって。それで、高校を卒業して石垣に帰ったんです。

3月の後半から4月は、何もしないでだらだらしていたら、人間ダメになるなと思って、10万円くらい握りしめて、本島に出てきて。お金は、父ちゃん、母ちゃんにお願いして。「あんたは揉まれて来なさい」って言われて。

—また、本島に出てきたわけね。

そう。今度は、那覇に出てきて。高校の時にお世話になったおばさんの弟おじさんの家に世話になって。仕事を探して、その後、アパートを借りて、民間の会社に入った。アパートは会社の紹介で。安い金額で。この会社はいろんなことをしている会社で、飲食業から携帯販売、レストラン。これを週替わりとか、朝、携帯会社に行って、居酒屋に行ってと。とにかく稼ぎたかった。3つも仕事をした。フルに。携帯会社では、電話での対応とか、逐一、専務や店長から言われながら。接客業ですよね。やったことがない中で、やって、のめり込んで、楽しくて。それから、居酒屋。携帯会社が終わって、それから深夜まで居酒屋。ホールで。空いている間に、ちょっとつまんだりして。携帯の仕事がないときは、レストランで働いて。これもホールです。

働いている10代は僕だけで。周りは大学に行ったりしていて。だけど、僕だけスタートしていないみたいで。遅れているという感じがあって。仕事している人もいるし。フリーターじゃないですか、僕は。こっちに来た以上は、生きていかないといけないので。この一年間、この仕事をしながら、途中で土木にも流れました。土木って、年末から凄く給料が良くなるんですよ。やっぱり工事が入ってくるので。道路工事。この学校の近くの緑の通行帯。あれも僕が7年前ぐらいにしたもの。3日間ぐらい集中して道路工事。24時間働く感じ。その間に仮眠。うまく調整しながら、というか。手取りで、月に23万円ぐらいあったかな。

―その生活は、その後もずっと続けたの？

また、一念発起して。高校を卒業して一年後、私立の大学を受けたんです。現役の時に落ちた大学。合格した。貯めたお金もあったので、大学の近くに引っ越して。アパートに入るお金は、少し、親に援助してもらって。授業料も貯めたお金で払っても。やっぱり違う。最初は、真面目にちゃんと行っていたんだけど。奨学金を借りればいいやと思って。大学は合格したけど。バイトをしながら、大学にも通うって。バイトにのめり込んで。もう、行きたくない。大学の2年次の時に、やっと12単位ぐらい（笑）。2年次はほとんど行っていない。

大学1年の時にバイトをしながら、マーチング指導を始めたんですよ。小学校で。この小学校の顧問が、石垣の小学校にいた時に、外部コーチで来た人で。その小学校には臨時教師で来ていた。僕は、マーチングが強い高校を卒業していたので、「Mは、使えるよ」みたいな。マーチングを立ち上げるので、僕にも話が来たみたいな。

――それから、マーチングの指導者として小学校へ？

毎日、マーチングの指導とコンビニのバイトで。昼から深夜勤までフルに入って、その間、小学校に指導に行って。大学にも行かなくなった。1年の終わりぐらいの時に、「大学辞めたい、意味ない」って親に言ったときに、ものすごく怒られた。小学校の時からずっと僕のマーチングを応援してくれたのに、初めて自分のやりたいことを否定されたようで。母親には、「もう、マーチング、するな」って。大学は、最終的に除籍させられた感じですね。マーチングの指導では、

１年目に全国大会に出場できて。これまで全国大会には、石垣の僕の母校がずっと出場していたんだけど、いま指導している小学校が全国に。母校で教えていた人とそこの出身の僕が、母校を負かして全国へ。

―全国大会に引率した時は、どんな気持ちだった？

僕は外部コーチだけど、「全国に、引率、一緒にいくぞ」と言われた時は、嬉しかったですね。これが楽しみというか。埼玉のスーパーアリーナへ。県大会を決めた時は、「まさか」だったので、零点何ポイントの差で決まったので、本当に。だけど、母校の保護者に僕のことを知っている人もいたので「お前、母校をどうするのか」と、非国民扱い（苦笑）。ものすごく言われた。でも、全国に行けただけでも満足。１年目で行けて大舞台で演奏して、本当に僕は満足だったんだけど、結果は、銀賞。目標の金賞は取れなかったんだけど、これでもいい、満足だったんですね。だけど、バスに乗り込み、補助席に座って後ろを見たら、６年生がみんな泣いていて。悔し涙。それを見た時に、申し訳ないな、という気持ちになって。そんなことや子どもとのかかわりのなかで、頭の中に教師というワードが出てきて。ちょうどその頃、保護者の会長でもあって教師でもある方から、「あんたは、いまからでも、教師、目指したら」と言われて。その時、全く気持ちはなくて。でも、「目指した方がいいよ」と何回か言われて。でも、自分では、固まらなくて。

翌年も、コンビニを続けながら、マーチングの指導。ライフワークは変わらず。2年目も全国へ。この頃から、マーチングの顧問を通して、小学校の先生との交流もあって、一緒にボウリングに行ったり、飲み会に行ったり。すごくよくしてもらって。若い先生がいたので。その先生方にも「小学校の先生、しないの？」とか言われて。「僕はマーチングだけですよ」と答えて。そんなことが続いて。3年目の時、沖縄のお土産の配達をする会社に入って、夕方まで仕事をしてそれから小学校に行って指導して、そのあと、夜、ガソリンスタンドの仕事。こんな生活を繰り返して。全国大会に行って、金賞が取れて。はじめて、ようやく。顧問の先生は、次の年は異動になることはわかっていて、最後の年に金賞。その時は、色々あって、ダメダメの6年生だったんだけど、乗り越えて。散々、その6年生達には話をしてきて。最後に、子ども達に「マーチングの先生じゃなくて、今度は、学校の先生として会いたい」と言われて。「先生が学校の先生になったら、その学校に、自分たちが指導者として行くよ」と。「そっか、わかった」と。それで、また大学入学を考えるんだけど、教師になる前にやっておきたい仕事があった。

—その教師になる前にやっておきたかった仕事とは何？

引っ越しのアルバイトなんかもやって、内地に行って、一か月半で70万円。すごいなと思ったけど、とても厳しかった。トラックの免許を取って、コンビニに納品している運送会社でバイト。教師になる前にやっておきたかったのが、トラックの仕事。自分の中では、なんとなくやっておきたい仕事だった。頭が使えないのなら、身体を使え、みたいな考えで。身体が使えなくなったら終わりだね、みたいな。土木やったのも、トラックしたのも、そんな考えで。3Kとかいわれるじゃないですか、きつい、きたない、危険。そんな仕事は、若いやつはしないじゃないですか。でも、僕は大好きで。こんな末端の仕事があるから、社会が成り立っているところがあって。子ども達にも伝えることができるだろうし、こんな仕事を大切にしないで何が出来るのだろうと。こんなきつい仕事、絶対、自分の身を助けるだろうなと。教師の仕事とは真逆ですね。

―教員免許はどうしたの?

トラックの仕事を1年半して、短大へ。25歳になっていたな。前の大学の時には、行かなくなったけど、短大は、毎日、行きましたね。目的意識がはっきりしていたから。年も5つ、離れていたけど、メンバーは良かったですね。結構、慕ってくれて。僕の経験も話しましたね。アルバイトもしていたけど、貯めていたお金もあったので。その頃、同棲していた彼女もいて。彼女は看護師で働いていたので、そこに転がるようにして、僕が。生活の心配はあんまりなかった。

――卒業後は、臨時教師になった。

小学校のマーチング指導で、やっと、自分の夢が見つけられた。教師になろう、絶対なろうと。免許取って、非常勤をして、いまの学校に去年から。非常勤を合わせると、3年目。初任研の非常勤で、社会と理科を担当。週3回だったので、空いた時間は、家電の配達のバイト。とにかくいろんなバイトをしたな。いろんなところに首を突っ込んで、足で稼ぐというか、教師になってもその辺は、変わらないかな。そういったいろんなことを経験するのが大切かな、と。アルバイトとか色々してきたけど、それがいまの生活に役に立っているのか、言葉では言い表すことはできないけど、力になっていることはあると思うんですよ。あの時のあれが、いま、ここで活きているというのは、まだ言えないけど。

教職で最初の給料をもらった時は、世の中、理不尽《りふじん》だな、と正直、思った。ダブルワークして、ハードワークして、20万円いかないときもあったのに、トラックやって、あんなきついことしたのに。底辺、底の仕事をしたかったからだけど、月に5日しか休みがない。でも、教師って20日の出勤。給料がそれ以上ある、しかも、ボーナスもある。理不尽だなって。すごい贅沢だなって。教師も違う精神的なきつさはあるし。責任は違うんだろうけど、この報酬は違うな、と。土木とかの仕事をしているのは、高卒とか、中退とかの人が多くて、大卒はいなくて。そんななかで社長になっている人もいるんだけど、やっぱり、でも、沖縄のこの置かれている経済的な貧しい状況も、若干、見えてくるし。その人たちも家族はいるし、相当、家庭は厳しいんだろうな、と。僕のいまのクラスにもそんな子がいるし。

―アルバイトしていた時の経験を、子どもに話すことってある？

結構ありますよ。こういう人がいたよ、とか。変わっている人の話ですね。頭を使って生きていかないといけないよ、と。例えば、僕が見てきた青年の話ですね。年齢は同じくらい。全く、人の話が聞けない、計算もできない、礼儀もわからない、接客態度も悪い、免許だけはもっているのでトラックの運転手。

僕はトラックの運転手をしている1年半の間で、フリーになったんですね。フリーというのは、配達場所をフリーに出来る意味で。その当時は、基本、一人一ルートだったんですね。だから、そのルートさえ覚えればいいし、店舗の荷物を置く場所を覚えればいいし。ただ、3か月に1回、ルート変更になるんだけど。休んだ人がいると、フリーの人が担当して。フリーになるには、1年以上しないと出来ないんですけど、僕は3か月でなった。フリーは、県内各地、回れる。彼女とデートしている時も、ルートをまわって、コンビニを覚えて、みたいな。でも、その青年はずっと、一ルートばかりですね。同じ仕事。5年後も、10年後も同じ仕事をしていると思うよ。そんな話を子どもにしている。もっと、頭を使うとか、工夫とか、やっぱり必要とか、そんな話。どっちがいいんだろうとか。勉強の意欲を高めるための話で。その青年を身近でみていて、正直、哀れだなとは感じました。身体が使えればいい、動けるうちはまだいい、だけど、50歳、60歳になっても、その仕事は出来るかな、そんな話も子どもたちには話したりしましたね。

話は変わるけど、短大の友達で、5歳下の子がいて。仲が良くて。僕が色々経験したことを話していたので、彼も、学校現場で1年臨時を経験したけど、やっぱり、もっと色んな経験をしてそれを子どもに伝えられるようになりたいと、いま、オーストラリアに行っている。ワーキングホリデーで。やっぱり、いろんな見方が広がるし、人の痛みもわかるし。

―石垣の親は、教師になっているMをみて、どう思っているのだろう?

親は、喜んでいましたよ。まあ、臨時教師というのは気にしてはいますけど。兄貴なんかも含めて、家族に公務員がいるわけでもないし。先生と呼ばれる人も、家系をみてもいないし。親も、自分の息子が何をしているのか、昔は、人に言うのは恥ずかしかったと思うんですよ。「トラックとかに乗っている」と言っていたと思うんですけど、多分、恥ずかしかったと思う。いまは、臨時といえど、教師と言えるじゃないですか。人前に紹介できるのが、いいのかな。表立って親孝行とは言えないですけど、採用試験に合格したらですね。やっと、人前に出せるみたいな。石垣の家族から、違う世界を子どもが切り拓いた感じで、喜んでいるのかな。先生になっている人はいないので、役所で働いている人もいないので。

5. 浪人・アルバイト生活のH

Hとの最初の出会いは、ある研究会であった。8年ほど前のことである。この研究会で公開授業があり、Hは、授業者であった。その後も、度々、研究会や教師仲間との飲み会で同席した。「異業種経験の教師」から聞き取りをしていることを知り合いの現場教師に相談すると、「Hも、色々してきたようだよ」と教えてくれた。ラインで依頼すると、快諾してくれた。Hのいまの勤務校は、私が現職の小学校教師をしていた頃に勤めた学校である。聞き取りの日（2018年12月12日）に、かつての勤務校を訪ねた。数日前まで、日中はクーラーが必要だったが、Hを訪ねた日は、気温も下がり、風もあって、かなり寒い。勝手は知っているので、職員玄関から入った。懐かしい職員室だ。あの頃の私の机はあそこだっただろうかと思いあぐねていると、Hは、ひょっこり、職員室から出てきた。いつもの温和な顔である。初任者の研修が行われる3階の小さな部屋で、話を聞いた。

――高校卒業の頃から、話を聞かせてくれる？

高校の理数科にいて、結構、数学は得意でしたね。現役の時のセンター試験は5割少々で、琉大の工学部とかだったら合格しただろうけど、違う学部を目ざしていたので、通らなかった。そのまま浪人したんだけど、浪人した仲間と連れ立って遊び始めて、全く成績は上がらなかったな。う〜ん、途中まで、勉強、頑張ったかな。車好きな友達と知り合って。車を持っているので、一緒に遊んでしまった。1浪した時は、大学受験もしないで。遊び癖がついて、親からも見捨てられるんです。親にお金を出してもらって、予備校には行きます、だけど、夜まで遊びます、みたいな。そんな怠惰な生活を送りましたね。予備校には行っていたけど、夏休みぐらいにはオーバーヒートっていうんですかね。全く、勉強に身が入らなくなって。そのまま2浪目に突入。模試を受けても、4割を超えないんですよ。現役の時よりもかなり下がって（笑）。勉強を忘れていて。そんな浪人生活ダメですよね。だけど、浪人時代は楽しかった。ドライブに行ったり、ビーチとかに行ったり。お金がないから、時間をどう過ごすかに走っていた感じです。

――その頃のメンバーとは、いまでも会っている？

そのうちの一人は、今年、40歳で小学校の採用試験を合格して（笑）。もう一人は、10年前にＪＡに採用されて。ＪＡのやつは高校の同級生。車を持っていたし。

―１浪の時には少し勉強したけど、２浪の時からは、遊びの方へ？

このＪＡの友達が、短期のアルバイトを持ってくるんですよ。例えば、交通量を測るバイトとか、イベントとかの椅子運び、とか。１か月に10日ぐらい。給料は６万円ないくらい。でも、親のもとで生活しているから、６万円の小遣いでも良かったですね。飲み会も工夫した。夜から居酒屋に集合。安いおでんを注文して、一升瓶の泡盛、９８０円。とっても安い。３人で、２千円いかないいくらい。少ないお金でやりくりして。もう、勉強の雰囲気じゃないですよね。もう授業料を納めていないので、予備校には行かなかった。勉強に対しては、かなり抵抗がある感じ。飛び込みのバイトですね、色々した。２浪目も受験しなかった。

―また、どうしてバイトの方にいったんだろう？

いま考えると、現実逃避だったんじゃないかな。勉強すると、いまの自分の力がわかって、まずいってわかって。じゃ、勉強、出来るかといったら、出来ない。短期のバイトをちょこちょこしているし。親には、バイトもしてるよ、勉強もしているよ、と言っていた。３浪目の時に、親から釘を刺されたんですよ。「仕事に就くか、受験するか」と。３浪の時の最初の半年は、発電所でバイト。浪人仲間からの紹介で。みんな浪人メンバー。３月の後半から９月まで。また、お金をもらって、遊び呆けるみたいな。初めての10万円超えの小遣い。小遣いについては、そんなに困った感じはしなかった。3浪目で車の免許を取った。その自練のお金は、おばあちゃんが出した。車代は、あとから返すということで、親が出した。半年で60万円ぐらい、稼いだ。車が好きだったので、マツダのロータリーのRX－7《セブン》FC。白。安いやつ。15万円。自分で探して。買ったら、ガタがきているので、修理代が大変だった。自分でいじったりもして、その頃に車を直す技術も少し身に付いて。

—発電所のバイトが終わったあとは、どうしたの？

コンビニの配管のバイト。店内の煙を外に出すような感じの作業。そんなことをしていた12月頃に、親に最終決断を迫られた。「こんなバイトばかりしているんじゃなくて、ちゃんと仕事に就くか、あるいは、あんたは、数学は得意だから教科を絞って受験するか」って言われて。数学Aだけで勝負が出来る大学。県内の私立と九州の私立。二つとも合格して。親は、遊び癖がついているから、内地に行かしたがっていた。だけど、僕は県内の私立を選んで。

—その後の大学生活は、どうだった？

経済の方に進んで、社会の免許を途中まで頑張ったけど、諦めました。本当は数学の免許を取りたかったんだけど。教職は、夕方からの授業が多くて。朝から夕方、夜まで授業。バイトも出来んし。長くは大学に居られないなと思って（笑）。免許取るのが親との約束だったんだけど。「免許取ったら、将来の選択肢が増える。道が広がる」と言われて。両親とも高校と中学校の教師で。2つ下の妹も、数学の教師。僕は大学2年ぐらいから教職は断念。3年になった瞬間から、免許は取れないし、教師は無理だからしないって、親に話して。「先を見据えて動きなさい」って言われたのは、覚えている。

大学時代は、進学塾の講師のアルバイト、そして彼女と遊んだり。いまの奥さんですけど。塾講師は4年近くして、ほぼ毎日。中学生と高校生に、数学を中心に。愛車のセブンで通って。燃費はすごく悪くて。クーラーつけないで走って、リッター6キロ。救いは、当時、ガソリン、リッター70円。大学在学中は、そんな感じの生活。だけど、4年生の時から焦ってきたんですよ。教員免許取っている同級生は、目標はあるけど。僕は何になるって感じ。遊び癖がついている僕は、単位を取るだけが目的だったし。塾は面白かったし、教職は諦めていたけど、教えるのは楽しかった。就職はどうしようかと色々考えていたけど、わからんし、だけど、就職するんだったら、大きな会社がいいって思って、地元の電力会社、銀行なんか。でも、僕の就活は遅すぎて、電力会社の試験は終わっているし、銀行の説明を聞くと、堅っ苦しいし。銀行は、ないなと思って、試験も行かなかった。親には、「公務員試験を受けるから」と言って、「大丈夫、大丈夫」と。それから公務員試験を受け始めて。現役の時には、公務員の試験は終わっていたので、卒業してから。

――卒業してからはどうしたの？

県庁で臨時をしている人から、声がかかって。林業の臨時。「いいよ、やるよ」と言って。面接したらすぐに合格、一年間した。沖縄市のおばあちゃんの家から那覇まで通いました。オートバイで県庁通い。あの愛車の7《セブン》は、廃車で。その頃はマークⅡも持っていました。仕事は、沖縄の林業の地図を作ること、航空写真から図面に落とし込むとか、現場にも行きました。次の年も、継続をお願いされたんですが、年度末には、かなり忙しくて、結果的には断りました。林業の仕事も勉強になったんですが、役所の段取りが悪いというか。忙しくなる時期とそうでない時期があるので。忙しくなる時期はわかるので、前々から、スピードアップして仕事すればいいのに、と思ったりしました。3週間くらい、ずっと遅くまで残って、残業手当もなしに。夜中に帰って、また、朝早く来て。時々、那覇で飲んでそのまま県庁に戻って寝ようとしたら、上司に怒られて。社会人としてのマナーは、その頃、学んだ気がします。県庁の臨時の仕事をしながら、公務員試験も受けていました。

県庁、国家二種、警察官を受けて、警察の試験だけは食いつきましたね。県庁と国家二種は全く歯が立たない。本当に専門試験が全くわからん。毎日、那覇まで通って仕事をして、専門の勉強なんて出来ない、それで、一年、林業の仕事をした後は、臨時の継続は断りました。でも、生活費を稼ぐ必要があったので、アルバイトを探しました。勉強する癖がついていないので、実家や図書館でするんだけど、やり方が全くわからない。声がかかったバイトをしながら。27歳の頃でしたね。一番よくやったバイトは、ダムの広場で荷物運びやパイプ椅子を並べたりするもの。月に多くて10日くらいバイト。それ以外は、勉強という名目のダラーとした毎日。その年、警察官の一次は通ったけど、僕の中では、警察官はないなと思って。親は、喜んでいましたけど。僕には行く意思がなかった。二次試験は受けなかった。警察官ではない公務員に絞って、県庁、国家二種、役所。

28歳くらいになる時からは、対策を調べ始めて。いろんな人から情報を聞いて、過去問なんか、ザーと集めて、そこから勉強。自宅で勉強。だけど、バイトをしないといけない。理由は、僕は煙草を吸うので。県庁や国家二種は、かすらない。沖縄市役所は次点だった。警察官は慣れのために受けて合格、二次は行かないけど。

29歳の時に、とうとう親にお願いしたんですよ。「このままだと試験対策は無理、教養なんかは間に合うけど、専門は全然。手を貸して欲しい」と、初めてお願いした。親は、「アルバイトはしない、勉強に専念。塾か自宅で」ということで。

僕は、煙草の習慣が付いているので、煙草代を含めての月２万円の交渉をして（苦笑）。恥ずかしいですね。それもOKもらって。29歳の時は、ずっと勉強して。妹は、すでに採用されて。プレッシャーですね。相当頑張ったな、という感じはした。29歳の公務員試験、県庁、国家二種、沖縄市役所、南城市役所、市町村組合、この5つ、全て、一次通過、合格。ところが、二次の面接で全て落ちた。その理由は、面接の練習で、3か所で言われたんだけど、「あなたの履歴書は、魅力がない。29歳で、あなたがやっていたことはアルバイトしかない。何を学んできたのかが、見えない。もっとわかりやすく言うと、アルバイトしかしていない29歳を採りますか、26歳の人を採りますか。私なら、26歳の人を採ります。若い人は、吸収する力があるから」と言われて。頭の中は、チーン、でしたね。そっかあ、と。社会の現実を見せつけられた、人を選ぶ立場からみると、そうなんだ、と。一次試験は全て通って、二次で、全て落ちるとは。どうするのって。

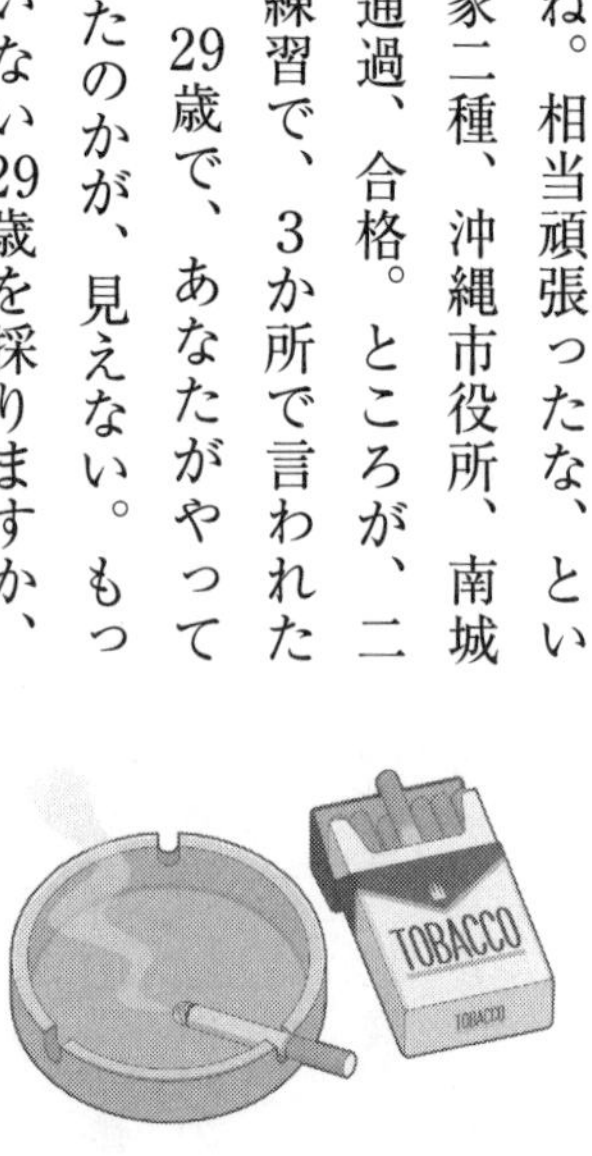

―全て、試験を落ちた後は、どういう風に過ごしたの？

全てをリセットするつもりで、コールセンターの仕事に就きました。これもアルバイトですけど。沖縄市の農民研修センターの側。2か月ぐらいしました。公務員を目指して頑張ったのに、何も考えられない状態でしたね。この時、彼女から「塾で教えている時、生き生きしていたよ。教えることに興味ないの？」って言われて。「通信で免許取って、採用試験を受けたら？」と言われて。コールセンターの仕事を辞める時に、家族会議。遊び癖がついていた僕が公務員の試験のために勉強している姿を、親は、見ていたんですね。「公務員試験は年齢制限があって、ダメだから。教えること好きだから、小学校の免許、取りたい。１年間で小学校の免許が取れるので、通信の40万円、かかる。お願いできますか。免許取りながら採用試験の対策をするから、バイトもしない。だけど、煙草代、２万円だけはお願いできますか？」って。親に反対されるかと思ったけど、すぐにＯＫだった。

３月でコールセンターを辞め、４月から通信に通い、って感じで。その年の７月の小学校の採用試験に挑戦して合格した。その前の年、彼女は採用試験に合格していたので、参考書とか全部もらって。それで勉強して。ポイントは、彼女に習って。公務員試験をやってきたので、一般教養はしなくて、専門をずっと勉強して。自宅で勉強。一次を合格した後、家族の全面協力。彼女も。二次も合格。30歳になった年に合格。合格したけど、１年間は「待ち」の状態で、31歳で初の臨時教師。32歳に正式採用。

――最初の教師生活は、どのようにスタートしたの？

最初の臨時は、戸惑い。周りは気を使っている感じ。だけど、全く僕は気づいていない。1年目は、担任。最初の子ども達には、本当に申し訳ないという感じ。なんでかというと、教えるべきことを教えていたかな、と。子どもには熱心に教えていたんだけど、子どもがわからないと徹底して教えていたんですよ。これは、塾の経験があったから、そんな感じになっていたんだろうと。子どもに力を付けてあげないといけないと。子どもに教える技量がなかった。子どもには向き合っていたと思うし、子どもが出来なかったら、放課後、残すし、宿題も出す。わからんかったら、ずっと付き合う。

児童会の副主任とクラブを担当していたけど、「子どもたちをそんな風に動かすの？　難儀だなあ」と。子ども達に何をしたいかを考えさせるんじゃなくて、「去年と同じ方がいいんじゃない」「去年のシナリオがあるから、これを使おう」と言って。子どもの発想とか、願いとかじゃなくて、こなせばいいとか、運営すればいいとか、そんな感じで。「掲示は、ここは、先生が作るから、君たちは発表して」みたいな。子どもと一緒に作るとか、時間をかけて進めるとか、そんなじゃなくて、マニュアル通りに進める感じ。前年通り。能率的にずっとやる感じ。ある形を工夫しないでも、これでいいみたいな感じでしたね。「これをするよ、じゃあ、これでいいんだ」みたいなこなせばいい、という感じ。

だから、６時を過ぎて学校に残ることはなかったですね。５時には、ダッシュ。心の中では、「学校の先生は楽だな」と思っていた。前年通りにすれば、ストレスは溜めないし、ササッと仕事は進むし、給料はいいし、楽勝みたいな。給料もらった時は、「給料、高っ」と思いました。採用試験を通っているので、臨時は途中で切れずに、ボーナスもありで。バイト代、３万円、６万円で喜んでいたけど、教師になって手取りで、20万円を越したので、「おお～」と。夏のボーナスは30数万円、冬は40数万円で。だから、「ええ～」って感じで。教師って、高いと。

話は、さっきに戻るけど、主任の先生は、とっても仕事の要領がいいんですよ。宿泊学習とかありますよね。教師の分担とかもあるんですけど、学年会で、その主任の先生が資料を出してきて、分担の欄に名前を書き込んで、ササッと終わり。「あなたは、これしてね、これね」って。「ああ、教師の仕事って簡単」と思いましたね。だから、学年会とか、打ち合わせは、早く終わる。学年で何かをそろえてやるっていうのはなかったですね。

―正式採用されてからはどうでした？

採用された学校は、全く違う。がっつり。ここで根本的に直されて。学年会もしっかりする。初任研の指導教員もお母さんみたいな先生で。一対一の指導。全く、臨時の時の学校とは違う。ここでは、５年生の担任。何から何まで細かくやっていくんですよ。ノートの使い方、宿題の出し方、メモの取り方、がっつり、がっつりするんだ。去年と全く違うと。何でも統一。週に2回の学年会。臨時経験は1年で、ぬるま湯で来ているんで、指導案を書いたりするのが出来ないんです。指導教員に迷惑をかける、と。塾の経験があるので、子どもに力を付けさせんといけないと思って、圧を加えてでもかかわって、時間もかかって。それで、学年会を開くのが遅くなり、指導教員の話がありで、とても遅くなった。学年主任の先生から「あなたの仕事はダメ。指導教員を待たせたらダメだよ」と注意されて。放課後、指導教員から話があるんですけど、僕が出来ていないので、時間がかかるんですよ。それで、学年会が遅くなって、夜10時から学年会があったりして。学年の先生方は、待つんですよ、指導教員の話が終わるまで。いま考えると、僕には任せられない、力がないので、時間がかかるんですよ。前もって調整しないと、僕は出来ないと見られていたんですよ。僕の初任校の評価は、多分、悪いと思います。おんぶにだっこで。手がかかる、というか。

その頃、学年主任の先生に言われたのが、「どうして、授業中にさん付けで呼ばないの?」と。僕は「なんで?」って。「みんな、普通に、さん付けなしで話すじゃないですか」と反論して。でも、僕は初任者だし、習う立場なので、さん付けにしていったんですよ。そうしたら、子どものケンカが減ったんですよ。授業の時の雰囲気が柔らかくなったんですよ。「えー、やーよー」というのが、「○○さん、○○でしょう」とかになって。しまいには、子ども達、笑いになるんですよ。

さん付けで、クッションになっていくんですよ。あの頃は、苦しかったんですけど、いまの僕の財産になっていますね。

こんなこともありましたね。指導教員は、「○○先生は臨時でまだ採用されていないけど、ここまで出来ている」と、ぼそっと言うんですよ。明らかに、僕との比較。「H先生、見る力、付けてね」と。「はあ、僕、出来ていないの」と。気づかないから、親心で言ってくれているんだと思うけど。僕は、全く出来ていなかったんだと。教師は、経験年数よりも、実際の年齢で見ていくんだと。僕は32歳で採用されて1年目だけど、周りは32歳の経験豊かな教師として見ているんだと。だから、その時から、同期を意識しなくなったんですよ。早く採用された教師は、何年も教師をしているので、僕はその人たちに追いつくためにはどうすればいいかを考えましたね。いま、何をすればいいか、と考えて、僕は変わりました。自主的な勉強とか。頑張らないといけないと。初任研、終わる頃ですね、こんな考えになったのは。

今年で教師になって10年になりますが、最初の頃よりもやはり、教師としての技術というか、ノウハウは成長していったと思う。校務分掌でも、いまは内容がわかるから、先手を打つことができるんですよ。見通し、かな。見通しを立てるために、計画表を立てることにしたんですよ。27、8歳の頃からですね。いまも計画表を立てて、やっていますよ、時間管理ですね。

―教職についたHさんを見て、ご両親はどう思っているんだろう。

喜んでいると思いますよ。教職に就いたからというよりも、生き生き働いている、そんな姿を見てからだと思う。

6．むすびにかえて

職員室には、様々な顔を持つ教師がいる。大学卒業と同時に採用された者もいれば、40代になってもずっと臨時を続けている教師もいる。定年退職まで一教師のまま担任を願うものもいれば、30代の若手ながら、将来の管理職を意識している者もいる。テキトーに授業をして、定時になる前に姿を消す教師もいれば、翌日の授業の準備のため、夜遅くまで職員室にいる教師もいる。毎日、ジャージ姿で子どもと一緒になって部活動の指導をする教師もいる。実に様々な顔を持つ教師たちであるが、教職に辿りつくまでの彼らの生活のあり様が、それぞれの教職生活をかたちづくっているのかもしれない。異業種経験の教師の辿ってきた経験は、職員室の中では恐らく少数であり、他の教師からすれば異文化の経験者であるから、かえってそのことは貴重である。また、異業種経験の教師の立場から、学校や教師をどのようにみているのかを見定めていくことは、沖縄の教師、教師集団をより深く理解することにつながるものである。その意味から、ここでは、

３名の教師に登場してもらった。

高校時代はけっして勉強が好きではなかったＴは、卒業後、営業職に就く。そこで大卒の大人と接しているうちに、自らの残学と将来に対するぼんやりとした不安を抱くようになる。Ｔは周辺の仲間というちは楽しく時を過ごしていたはずであるが、いったん、新しい扉の前に立った時、そこを開き、自らの可能性を賭けて挑戦していく。バイト的に始めた営業職も正規職員として雇用されたにもかかわらず、教職を歩もうと決意する。Ｔを含め兄弟や親戚、遊び友達には公務員等の安定した職業に就いているものはほとんどいない。その中で、Ｔの教職に向かう確固たる信念は、家族や仲間の知らなかった教職の世界を拓くことにつながったともいえる。教師として初めて手にした給料の多さに驚き、戸惑い、民間との格差に驚く。そして、「人の役に立つような仕事をしている」ことは、親孝行をしていることであると実感している。

石垣島から出てきたＭは、マーチングが命であった。小学校からトランペットで鳴らし、全国大会にも出場したこともあるＭは、島を飛び出してマーチング先進校の高校に進学する。元々、マーチングの指導者になることが夢であり希望であったが、小学生へのマーチング指導の経験が、Ｍの新たな将来像を確定する。紆余曲折した高校卒業後の異業者経験であったが、マーチング指導者と教師という2つの像の重なりから、小学校の教師を目指していく過程にはブレがない。短大に入学し免許を取得し、いま、学校現場で立っている。末っ子のＭは、長男がグレ、何かと肩身の狭い思いをした父母に対して、「表立って親孝行とは言えない」けど、親の期待以上の社会的自立を果たしている。なお、Mがトラック運転者や土木作業等の身体を酷使する仕事に愛着をもち、あえてその世界を経験したのは、無意識のうちに父親の道路工事の姿を重ねていたのだろう。そして沖縄の社会で低賃金、長時間労働のなかにある層への温かな眼差しは、いまも持ち続けている。

Hは、両親とも教師であり、妹もHよりも早く教師として採用された。Hの卒業した高校は県内でも有数の進学校であり、数学は得意であった。本人はもちろん、家族や周辺も大学に行くのは当然だという雰囲気であったが、大学入試で失敗し、その後は長い浪人生活に入る。浪人生活は、バイトと遊び呆けたものであり、3浪生活を送った後の大学入学も不本意なものに近かった。大学での教職課程も途中で諦め、卒業後も、明確な将来像を描ききれないままであった。公務員試験の受験とアルバイト生活を送るなかで、転機となったのは、塾での教えることとの楽しさにあらためて気づいたことであった。Hは通信で小学校教師の免許を取得し、学校現場に立つことになる。教師の厚待遇に驚き、楽勝気分のHであったが、初任者としての力量のなさに気づき、貪欲に学ぶ姿勢を見せ始める。「いま、何をすればいいか」と自発的に学ぶいまのHには、怠惰な生活を送っていた20代の姿は全く消え失せている。

TとMの周辺には教職に就いている者はいない。2人からは、親の期待以上の仕事に就いているという自負が聞き取りから感じられた。Ｈについても両親と妹が教師であり、遅ればせながらその中に自身も参入できたことに喜びを感じている。３者からは、教職の世界に入ったことで、驚きと戸惑い、民間との格差を肌で感じたことが語られ、社会の底辺層で生きる者への温かな眼差しや貪欲に学び続ける姿を確認することができた。

さて、教職の世界に入るまで、様々な職種を経験してきた教師から話を聞いた。それぞれの背景は全く異なるものの、異文化の経験者の学校文化への参入に伴う驚きや戸惑いの声を率直に聞いた。そして、あらためて学校の職員室には、ストレートティーチャーだけではない、異なる背景をもつ教師が学校をつくり、運営しているのだと感じた。それだからこそ、異業種の経験から得た価値観やモノの見方・考え方を、是非とも、職員室や教室で語って頂きたいと、話を聞きながら考えていた。教室には、様々な価値観や異なる見方・考え方をしている大人＝教師の登場が必要である。こうした大人とのかかわりの中で、子どもの見方・考え方も誘発され、豊かになるからだと考えている。

コラム

向き不向き

最初に出会ったその教師は、40代中頃であった。明朗で、よくしゃべる教師である。噂によると、寝言もうるさいらしい。「私は、無口《むくち》（本人は「六つの口」という意味で使う）です」と笑い、1人でウケている、年中、ご機嫌な教師である。達筆であり、生け花もする。音楽にも詳しく、興味関心度は360度の広さである。多くの引き出しを持つ教師である。子どもからも人気があり、保護者との関係もすこぶる良い。その先輩教師は、「教室には苦手な子どももいて当然。教師も人間だし。人って、苦手な子と無意識のうちに距離をとってしまう。だけど、教師をして飯を食っているので、そこは考えないといけない」と言う。苦手なA男に対しては、学校に向かう車中で、「私は、A男が好きだ」とハンドルを握りながら自己暗示をかけ、教室に入ると、真っ先にその子に声をかけるようにしたという。

退職直前に「先輩は、教師になるべくしてなった素晴らしい方です」と言うと、「いまでも、教師に向いているのか、向いていないのか、わからない」と返答した。日々悩みながらも、顔には出さず、30数年も教師生活を続けた姿に脱帽した。

第3章　臨時教師のいま

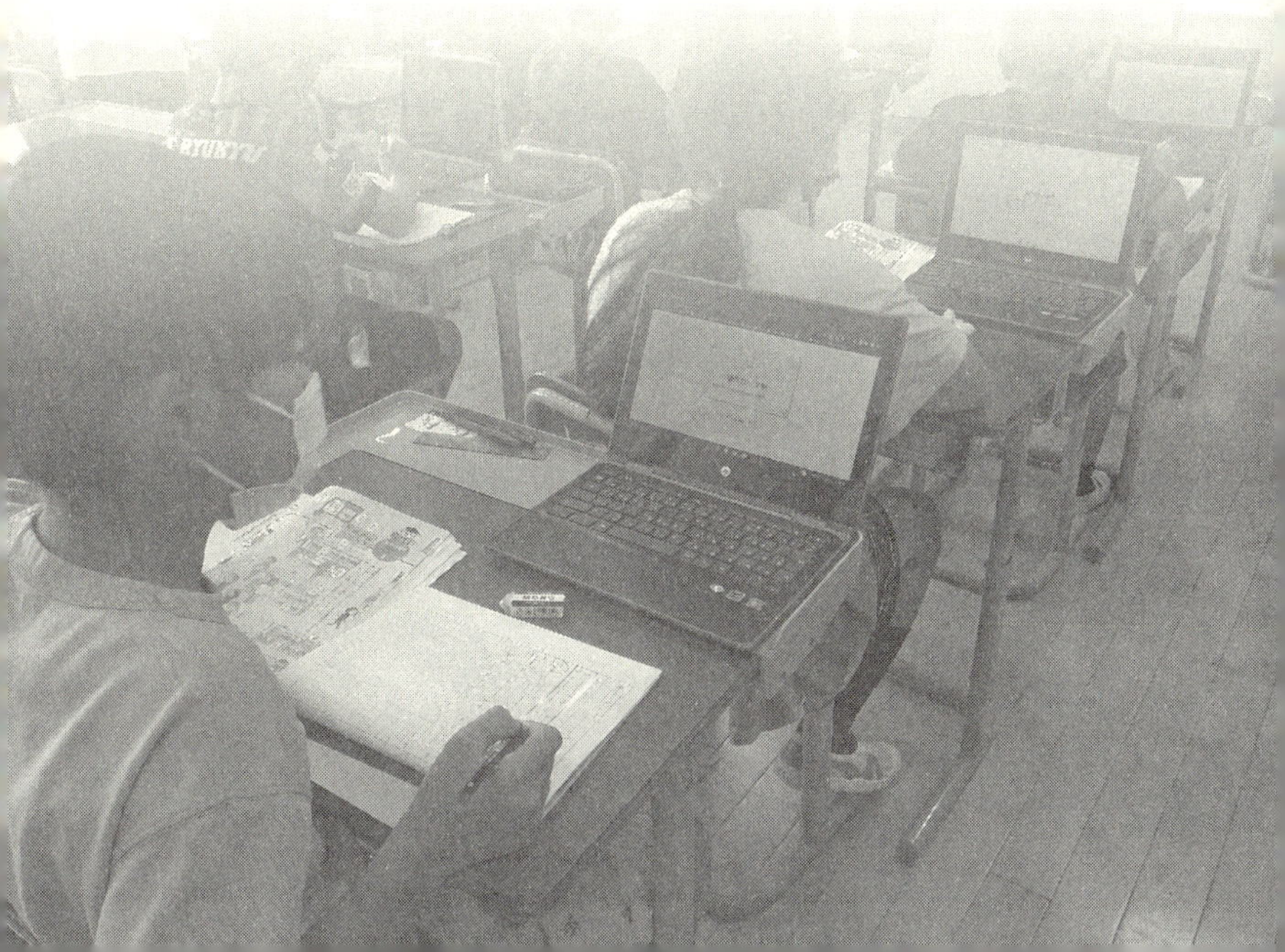

1．臨時教師のいま

学校には、採用試験に合格した本務の教師のほかに、産休や育休の代替などの臨時的任用教員、非常勤講師、特別支援教育補助者、スクールサポートスタッフ（教員業務支援員）など、数多くの職員が働き、学校を支えている。本務の教師だけでは学校が運営できないため、臨時や非常勤の力も必要である。ただ、彼らは正規雇用の職員ではなく、期限付きであるため、来年も同じ仕事があるのかどうか、わからない。生活不安は常にあるので、腰をすえての教育活動ができない。私の大学のゼミの卒業生は、もう三十路を超えたが、いまだに臨時教師を続けている。毎日、教科指導の準備と部活の指導のために、ほとんど受験対策ができない、というのが悩みである。子どもに真摯に向き合えば向き合う程、自分の時間を確保できないという葛藤を抱えながら、臨時教師は、現場に立っている。

さて、ここでは、臨時的任用教員と非常勤講師の方々が登場する。彼らは、臨時教師とも呼ばれたりするので、ここでも臨時教師としておきたい。臨時教師の中には、学級を担任したり、ある特定の授業を受け持ったり、発達障がいの子どもの支援をしたりするなど、実に多様な形で学校の構成員となっている。本務と同じように、校務分掌も受け持っている。臨時教師を続けながら、毎年、採用試験を受け続けるものの、合格には至らないものもいれば、採用試験を受けずに、臨時教師として生活を送っているものもいる。夫婦共々、臨時教師で生計を営んでいるものもいる。とっくに本務になることを諦め、臨時で生きていくと決めたものもいれば、当初から、本務になることを考えていないものもいる。「臨時は、1~3年程度で学校が変わるので、それがいい」「4年も5年も同じ学校にいると、しがらみが出てくるので、新しい学校でフレッシュな形でかかわれるのがいい」という声もある。

新年が明けると、次年度の臨時の話が来るのか不安な気持ちを抱いているものもいるが、校長や教頭、同僚教師の評価が高い臨時教師は、次の年度も依頼されることも、ままある。臨時の中には、授業のスキルが高く、子どもとの関係をつくるのも上手いものもいる。同世代の本務以上に、授業づくりや学級づくりが評価されているものもいる。自身の採用試験の対策（勉強時間）を脇において、学級の子どものために時間を割いている臨時の教師もいる。

教職関係の人事課の担当者の話によると、近年、沖縄でも臨時教師が足りない状況が続き、特に、1学期は、人探しで苦労している。教員免許を持つものは、年度当初は、教員採用試験があるため、極力、臨時で働くことを避け、試験対策にエネルギーを注ぐからである。臨時といっても、いったん学校現場に入ると、本務と同じ仕事をしなければならず、自身の試験対策の時間を十分とれない。この時期の彼（女）らの関心は、合格率の高い対策講座を開講している専門学校や退職校長等が主宰している学習会の対策講座のことである。年度の初めから夏場までの間、県内の大学や専門学校で開講されている採用試験の対策講座は、受講生で大いに賑わっている。それゆえ、学校現場は人手不足なのである。昨年も、某地区の人事担当者から、「小学校の臨時教師が足りないので、卒業生を紹介して欲しい」という依頼があったほどである。私が勤務している大学は、中学校と高校の免許を出していて、小学校の免許は出していない。この担当者は、「中学校や高校の免許状があれば、小学校の臨時免許状を出して対応する」ということであった。ひとつの免許状があれば、校種の異なる免許状についても期限付きの臨時免許状を出せるのである。人事担当からの依頼で、複数名の卒業生に連絡したが、空振りに終わった。

ところで、新聞紙上は、教師のなり手が不足して、少人数学級を組織化できない報道が続いている。教師の多忙化の問題や子どもや保護者とのトラブルが報道されたりして、教師のなり手が極端に少なくなっている。私は、大学で教職課程を担当しているが、やはり、教員免許状を取得する学生は年々少なくなっている。県内のある大学では、教職履修者が10年前と比べて半減した。また、免許状を取得しても、一般の公務員試験に臨んだり、民間企業に就職したりして、若い学生にとっての教職の魅力はずいぶん色褪せたものになっている。最近のことであるが、養護教諭（学校の保健室の先生）の免許状を取得中の女子学生は、「大学での勉強の証として免許状は取るけど、養護教諭になるつもりはない。たったひとりで数多くの子どもを対応するなんて無理」と吐露《とろ》した。彼女は、民間企業への就職を希望している。全国的に大学の教職履修者が減少し、採用試験の倍率も低下している。臨時の教師を探すのも難しい。

今回、学校現場の厳しい状況の中で奮闘している臨時の教師から話を聞いた。ここでは、20代から50代の4人の臨時教師の声に耳を傾けたい。

2．20代―非常勤講師1年目―

1人目は、2023年3月、大学を卒業した女性である。大学では、英語を学び、中高校の英語教師を志望していた。学生時代は、貧困対策事業として運営されている無料塾で小中学生に教え、卒業論文もこの無料塾のことについてまとめた。現役の時に受けた採用試験は漏れ、4月から小学校で臨時教師を務めている（2023年7月、於：沖縄市内のファーストフード店）。

―元々、学校の先生になりたかった？

私は幼い頃から教師になりたかったんです。高校の時は好きな英語を仕事に活かしたいなと英語教師の免許が取得できる名桜大学に入ったんです。でも、大学で教職課程を履修していると、英語よりも教育そのものに興味を持つようになっちゃって（笑）。最終的には中学・高校よりも小学校に興味を持ち始めたんで。大学では小学校の免許は取得できなかったんで、助教諭として臨時をしようと思って始めました。すぐに通信大学とかで免許を取得しようと考えてたんですけど、自分が働いている姿を想像できない状態で、フルタイムで小学校に入るのは怖いなと思っていたのと、面接の時に非常勤講師を勧められたこともあって。週3回の出勤なので金銭面に不安があるなって思ったんですけど、お金は他の仕事もしながら貯めていって、小学校がどんな場所なのかとか、小学校の教師ってどんな感じなんだろうっていうのをゆっくりじっくり学んで、今後のことを考えられると思ったので良いかなと。

―初めての学校現場はどうですか?

4月から実際にやってみて、教師の仕事量が多すぎるとあらためて実感しましたね。私は、初任者の先生のクラスに入って授業をするんです。初任者の先生を見ながら、「もし私が採用試験に合格して、小学校でクラスの担任をすることになったら、こんな感じになるのかな」っていつも想像してます(笑)。でも、「こんなに多い仕事をこなせるのか」って。初任者の研修は常に記録簿を書かないといけない、ほぼ月に1回研究授業をしないといけない、それ以前に学級経営や子どもたちとの関係づくりをしないといけない、特別な支援を受けている子や不登校の子への対応、日々の学校生活で起こるトラブルの対応などもやらなければいけない。もちろん教材研究は怠ってはいけないし、事務作業や当番制の仕事もやらなければいけない。ＩＣＴ教育も重視しないといけない。他の先生方と情報共有したり、授業時数を確認しながら時間割を調整したりしなければいけない。本当に、もっと細かく仕事内容を言ったら大変なことになるくらい、教師１年目から抱える仕事が多すぎると思いました。一生懸命頑張ってお仕事している先生たちを間近で見ているからこそ、数年後の自分を具体的に思い描くことができて、「こんな教師になりたいな」っていう思いも強くなるんですけど、その反面、「自分に教師が務まるのかな」とネガティブに思ってしまいますね。

――実際の仕事は、どんなこと？

私は３クラスで授業をやるんですよ。あと、ほかに２校かけ持ちしてて、４年生２クラスと５年生１クラスなんですけど。私が授業する科目は基本的に社会と図工で、たまに国語とかも持つことがあるんです。１科目の授業の準備だけでも難しいし、時間はかかるのに、それもいくつもやらないといけないと考えると気が遠くなって（笑）。授業づくりも含め、仕事を効率よくできるようになれば楽になると思うんですけど、それができるまで我慢して頑張っていけるかどうか。あまりにも予想以上に仕事量が多すぎて、その現実を受け入れることができてないです。教師不足が問題になってますけど、「教師って楽しそう」っていうイメージより「教師って大変そう」っていうイメージが根強い理由は、まさに多すぎる仕事内容だからですね。

新卒で、非常勤の教師である私が教育現場で働いてみて、現時点で教師になることへの不安を抱いてしまっている、というか、そう思わせている教育現場の状況が一番良くないし、どうにか改善してくれないかな。その反面、教育現場で働いている先生方に対してはとても尊敬していますす。教師は大変ってよく言われますけど、結局、やりがいがとても大きいから続けられるのかなって実感しています。

――いまの子どもの様子について教えて下さい。

子どもたちに関しては、支援が必要な子がとても多いなって感じています。これは、別の学校で臨時をしている友人と「本当にいろんな子がいるよね」って話したことがありますね。一人ひとり個性豊かでものの見方や考え方にも個性が出るし、子どもたちと接してて飽きることなんて一切無いし、むしろいつも子どもたちから学ぶことが多いんですよ。ただ、そんな子どもたちの中に不登校もしくはたまにしか登校しない子、何かしらの障がいを持っている子やグレーゾーンの子、家庭環境に何かしら問題がある子、トラブルをよく起こす子など、様々な子がたくさんいるので、そんな子たちが一つの教室で一緒に同じ授業を受けるって、よくよく考えたらカオス状態ですよね。同い年でも大人びている子から幼い子まで勢揃《せいぞろ》いですもん。

国語や算数は別教室で受ける子もいますけど、私が持つ授業は全員参加なので、授業をしてて「何でこんなにうまく授業ができないんだろう」って毎回思うんです。私の技量が足りないということもありますが、いろんな子たちがいるからこそ授業が思うように上手くいかないことが起こるんじゃないかと思っています。そのせいにしたらダメですけど、多少は妥協しなきゃいけないのかなと。特に支援が必要な子には支援員の方が付いてくれるんですけど、それ以外の子たちの中にもサポートが必要な子はたくさんいるんで、授業するのが辛くなる時もあります。私の授業を受けてる子たちの中にも、授業を受けててキツイって思っている子はいるんだろうなと思いつつ、どうすればいいのかっていう具体的な解決策は、なかなか見つからない。けれど、試行錯誤しながらどうにかやっていかなくちゃならないんですよね。

昔は一斉授業でも成り立ってきたかもしれないですけど、徐々に一斉授業が子どもたちに合わなくなるんじゃないかと思っちゃいますけど、いろんな子たちと一緒に勉強するっていう環境がマイナスになるわけではないし。いまの子どもたちって、いろんな価値観を受け入れられるようになってきたけど、繊細な子も多いのかなって思いますね。上手く理由を話せないんですけど、何かしら敏感に感じたり、考えることも多いのかな。だからそれを上手く発散できずに抱え込んじゃうのかなぁ。上手く自分の気持ちを伝えることができなくて、それがどんどん積み重なってくるのかも。そういう子が一番多いと思います。だから教師を含め、子どもとかかわる全ての大人は、子どもとしっかり向き合って、何を伝えようとしてるのかを引き出すのが一番大事だな、と思います。

――GIGAスクール構想が始まって、学校ではどのような状況になっていますか？

あと、これは愚痴っぽくなっちゃうんですけど、小学校にICT教育って本当に必要かなって思っちゃうことが度々あります。私は英語専門なんで、私が見てる子たちの英語力が気になって、担任に「子どもたちの英語力ってどうですか？」って聞いたことがあるんです。そしたら、「一人ひとりChromebook《クロムブック》を持って、空いてる時間にタイピング練習とかしてるからなのか、アルファベットが読めない子が多い。ただアルファベットを見て、タイピングしているから書くこともできない。話すことと聞くことは大丈夫そうに見えるけどね」と。それを聞いて私はショックでしたね。タブレット端末を導入したことによって、子どもたちがインターネットやコンピュータに慣れているのはとてもいいことだと思うんですけど、その代償が英語に出てくるなんて思ってもいませんでした。

ICTを使って授業するのは便利だし、楽しいって、私も子どもたちも思う部分はありますよ。でも、メリットよりもデメリットが大きすぎる気がするんです。中高生は指示が通りやすいし、メリットの方が大きいと思いますよ。でも小学生は違いますね。ロイロノートやGoogleの

Jamboard《ジャムボード》、クイズが作れるアプリとかよく使うんですけど、不便って思ったことが多いです。Chromebookを使った授業をしてもトラブルが起きるんで、使いたくない、でも便利なところもあるから使いたいって思い悩んでます。５年生の授業ではいろんなアプリをよく使うようにはいるんですけど、４年生は簡単に操作できてトラブルが起こらないようなアプリを使うようにしてます。それでもトラブルは日常茶飯事ですけどね。何ならＩＣＴを使わない授業の方が良い時もあります。結局、子どもはChromebookが学習のためにあるって理解しきれてないんです。それを日々伝えているんですけど、子どもにとってはタイピングやプログラミングなどをして「遊ぶ」としか思ってないんで、その認識を正すのが上手くいかないんですよ。ＩＣＴに対してすごく否定的になっちゃってますけど、そう言いながら使っちゃう自分もいるんですよね（笑）。

いろんなアプリケーションがあるんで、それを教師が上手く使いこなして子どもたちに教えてあげると、情報の勉強にもなりますから。また、子どもたちが教師よりも素早く使いこなすんで、「これどうやってやるの?」って聞くと教えてくれるんですよ。そこでコミュニケーションが生まれるんで、そういうところはいいなって思いますけど。最初の話に繋がりますけど、求められている授業の質が高すぎるから苦労しちゃうっていうのもあるかもしれませんね。

3. 30代 ―元気パワーの臨時教師―

2人目の教師は、私が大学の教員として着任して間もない頃、私の教職の授業を受講していた女性である。私の脳裏にも強烈な印象を残した学生であった。学内外のボランティア活動にも積極的に参加していた。スポーツが大好きな明朗快活という言葉にふさわしい彼女は、卒業して15年経ったいまも、相変わらずの元気者であった。うるま市の喫茶店で話を聞いた（2023年8月14日）。

―卒業して、ずいぶん経った感じだけれども、全く、変わらないね。臨時を続けているようだね。

今年38歳です。いまも、臨時をしていますよ。一応、試験を頑張った時もあった。28歳の頃が人生最強に受かりたいって思っていた時期。でも、3年くらい勉強して受からなくて。小学校の免許は取らなくて、中学校の免許で教師やってる。臨時をしている理由は、まずは勉強が苦手。ずっとスポーツで高校と大学に入ってきたから勉強したことがなくて、自分に自信が無い。「もう自分は勉強できない人」って思っている部分もあると思います。

「出来るはず！」って思ったのが28歳の時。25歳の時に良い先生に出会って、「あなたは受かるべきだよ！　良い先生になれるよ！　だから試験頑張れ！　自分の行ってた塾を紹介するよ！」って言われて、そこに行き始め、３年あれば受かるかなと思って、そこでずっと勉強。那覇にある塾で、朝８時に行って、土日も行って。そこに入れば誰でも受かる、この塾に入れば受かるしかないって言われてたけど、そこで受からんかったからさ。半年、学校も休んで行ったさ。大学を卒業して３年間は中学校を受けてたんですけど、中学校に空きがなくて、でも仕事欲しいから学習支援員やって、コネを使って入ろうと思ったんですよ。体育の先生たちにいっぱい顔を広めようとしたんですよ。名護中行って、桑江中行って、久米島も行ったんですよ。中学校を受けてた３年間は壁があったっていうか、やる気なかったはず、この時は。別にその時は受かる気もなくて、とりあえず、社会見ようって感じで。

25歳から28歳の間は小学校の免許を取るために通信に通いながら、小学校受かろうと思って塾も通ってた。この時は「自分変わりたい！　人生変えたい！　勉強出来ない自分から出来る自分になれるように乗り越えよう！」って思ってやる気満々だったんですけど、結局続かなくて。８名のグループで勉強会してて、合格するために親にもお願いして仕事半年休んで頑張ったんですけど、８名中５名受かって、「え？ 私は？」ってなるんですよ。同じ勉強したのに。だから古宇利島《こうりじま》に逃げて（笑）。でもそっから吹っ切れて、「あ、これは受からないもんだ」って思って。どうせ臨時でずっと仕事できるし、いいや！って吹っ切れました。

―臨時を続けたら、それなりに仕事も覚えて、やりたいことができるようになるんじゃない？

20代後半になってきたら仕事の力が付いてくるじゃないですか。仕事が上手になってくるんですよ。学級経営も上手、授業も上手。6年間、1年生の担任したんですよ。4年目ぐらいから1年生の扱いが上手になって、何も問題ない。もう楽しすぎて。学校変わっても1年生の担任を持たせてもらって。いっぱいアイデア出てくるし、元気だから周りの先生から必要とされて、調子乗るじゃないですか（笑）。

私にとって、30歳から36歳が黄金期（笑）。いろんな研修に行って、いっぱい力つけたものを授業に活かしてました。研修は、「自分が学級経営してる中で一番大切なのは何かな？」って見えてくるじゃないですか。それでＰＡ（Project Adventure／実体験から学ぶアクティブラーニングのプログラムのこと）っていうのに出会って、その研修が内地であったから行った。学生時代の友達も一緒に行くんですよ。自分が持ってる教育論はアクティブな感じ。何でもすぐ体を動かす。で、その友達は本をいっぱい読んで知識を蓄えてコツコツやるタイプだから、お互いが話した時に「面白いな！」って言って自分たちの教育論を作り上げてきたんですけど、ＰＡに行った時にやっぱり子どもたち同士のかかわりから学級経営だね、アクティビティから学級経営だねとか、一人ひとりの個性を伸ばしていくのが学級経営だねっていうのが見えてきて。

―ここまで経験を重ねると、自分なりの個性的な学級がつくれるんじゃない？

自分で学校つくれるんじゃないかって思うくらい、子どもたちが楽しめるような学校づくりっていう理想があったんですよ。学校じゃなくて、フリースクールとかをつくりたい、学校辞めたい。だから本務にならなくても、いつか学校辞めて、気が合う人、経理ができる人と経営したい人と熱意がある人で学校つくれるんじゃないかなって思ってた。35歳までには学校辞めて、自分で学校つくりたいな、と。いまの学校にいたら自分が潰れるだけだなって。なぜそう思ったかというと、私は変わっているから。子どもたちには実物を見せてあげたい、体験して欲しいって思ってて、できるだけ遊ばせる時間っていうか、例えば、生活科の時間に子どもが「お化け屋敷したい！」って言ったら、計画立てるのがめっちゃ上手なんですよ。お化け屋敷するために、ここまで授業終わらせて、ここから生活科の授業を始めてとか。

この子どもの企画力が2年生、3年生になった時にも自分たちでつくり上げることができるんだって思う子どもに育つからそういうことするんだけど、隣のクラスはそこまでしなくて、ただ単に今日が終われば良いって思っている。私と学級経営の仕方が違うから、本当に出る杭、打たれるみたいな感じ。何か授業を工夫してつくろうと思ったら「止めなさい。隣に迷惑。保護者が贔屓《ひいき》だと言う、子どもが隣のクラスいいなって言うよ」って絶対潰されるんですよ。校長にも目つけられるし。「あなたの良さはこういうところだけど、周りを見なさいよ」ってどの学校に行っても言われて。自分の良さ、活動的なことを迷惑がる。

例えば、学級にネグレクトの子がいて、いつもお腹空かせて学校に来る子。この子が学校に行きたいとか、大人一人でも助けてくれる人がいるって思ってくれたら、この子の目も変わるし、性格も明るくなるだろうと、この子にスポットを当てて学級経営をしていきたいと考えたわけ。だからおにぎりとか持ってきて、朝、その子が来たら「朝ごはん食べた？　お腹空いてるよね。みんなには内緒だよ」って言って、それを続けてたんですよ。そしたら教頭にバレて（笑）。教頭に呼ばれて「これ、この子が卒業するまでおにぎりあげられる？」って言われて「あげれません」って言ったら「じゃあ止めて」って言われて、「いや、でも元気になってますよ」って言ったら、「その子は元気になってるかもしれないけど、続けられないことは止めなさい」って言われたんですよ。あの時は「今、救わないと！」って思ってて、まだ若いからそういうところまで考えきれなかったんですけど、私はその子に、いま学校が楽しくて、お母さん寝てるけど「行ってきます」って言えるぐらいになって欲しかったんですよ。

―ちょっと、具体的な話があったら、聞かせて。

あと、子どもが雪触りたいって言ったら、県外の友達に「雪、送って！」って電話して、教室で雪合戦して。けどそれしたら、あなたの教室だけインチキってなるから、雪合戦した後の雪は隣のクラスにシェアしたつもり。学級王国ってよく言われないように意識してたんですけど、やっぱいいな、明るくてアクティブで行動力があってっていうのは、隣のクラスからも「先生のクラスいいな」って思われるから、やるなら学年でやってって言われました。そんなことをしてた時に「あ、自分で学校つくれるんじゃね」って思った。教師は疲れてるからここまでしないんですよ。でも私はしたいんです。

周りの先生の授業を見ても面白くないし、仕掛けがない、ただ単に教科書の授業をしている気がして、疲れてるなって感じてました。私が理想とする授業はびっくり箱みたいな授業なんですよ。今日の授業で一番教えたいもののヒントになることを出して解かせると自分たちで考えるから、子どもたちもイキイキしてて授業聞くから楽しいんですよ。

あとは、他の先生は準備するもの、掲示物とかが少ないんですよ。尊敬する先生でも家庭があって早く家に帰らないといけなくて、掲示物作る暇がないから、家庭が無い私が気を利かせて隣のクラスの分を作ったら、夜９時までかかっちゃう。これをいつまでやるんだろうって思う。でも見ないフリもできないんで、割り切れないいまま、結局、いまでもそれを続けてますね。

――いまの学校は、教師生活として充実している？

36歳の時にこの学校に来て、今はとても恵まれてます。私、変わった先生が好きなんですよ。

今の主任はカビに特化してる人で面白いんですよ。カビのことばっかり。こういう先生は子どもの変わったことをすんなり受け入れられるので、変わった視点で子どもを見るところはすごくいい影響をもらってます。3組の先生は尾木ママみたいな先生なんですよ。この人は誰にでもずっと「ありがとう」っていう言葉を言うんですよ。その言葉を言ってもらえると優しくなれる。だからすごく自分らしい学級・学年経営が出来て、とてもいい影響を受けてます。あとは、幼稚園からの同級生が同じ学年で一緒に仕事したことがあって、その子は元々音楽の先生をしてたんですよ。だけど音楽だけじゃなくて学級で子どもを見たいってなって、音楽で学級経営をしてたんですよ。それを見て、「あ！　私は、体育で学級経営ね！」って切り替えられたんです。私は体育が専門だから。それまで全ての教科で学級経営って考えてたけど、この音楽の先生の歌の詩を入れるところから表現力とかが一つになって、卒業する時には団結力があったのは音楽があったからだなって。私の良さで体育で団結力も高めて学級経営できるんじゃんって思った。それまでは特別支援の目線で学級経営をしてたんですよ。一人ひとりの特徴を活かした学級経営。だからそれもあって体育もあるから、いまの自分の学級は、特支目線と体育で学級経営している。ペアトークも多いし、子どもたちが困らないような手立ても時には入れたりして、ほんわかな、柔らかな学級を意識してつくってるんで、保護者には「任せてください！」って自信を持って言えるようにしてます。

あと、良い人を見つけたら「ここ真似しよう」って思うんです。そして、尊敬できる人ができたら「この人だったらどうするかな」って考えて、いままでとは違うように動いてみるようにしたりして。色々、試行錯誤できて自分の学級経営の中での引き出しが増えてくるから、臨時ではあるけど、本務の仕事が回ってくる。去年は体育主任をさせてもらったから、そこはまだ自分の引き出しが増えるって思って引き受けたけど。

—学校の教師は忙しいので、大変そうだね。いまの、職場の先生方は、どうですか？

そうですね、私から見たいまの学校は、疲弊《ひへい》している。私の力で学校を変えるなら、教職員の横の繋がりを明るくするかな。私が新任の先生を歓迎するために歌を歌ったり、踊ったりしましょうって持ちかけたら、やる人はそれに乗ってくれるんですよ。でも、その提案からしてくれる人はなかなかいないし、これやりましょう！って持ち掛けても「はぁ…」って思ってる人もいるんですよ。そこ、悩んだんですけど、新任の先生が「おっ、前の学校とはちょっと雰囲気違うな。ここなら頑張れるかな」って思ってもらえるようにするためだから、疲れてる先生には無理せずにできることをやってもらうようにしてる。疲れてる先生は無理しない！（笑）。疲れてるっていうのは、心の不良、体調不良。自分に自信が無い。自分ってできないって言うんですよ。私を見たら疲れるって。

自分がこの学校に来た時の3年生は、1年生の時から問題がある学年って言われて、当時は学級崩壊して、4年生の時は、全部強い先生を当てられて、子どもが自由に動けない状態だったんですよ。普通、掃除当番は週ごとに交代しながらやるじゃないですか。低学年でもやってたことなのに、1年間ずっと同じ場所を掃除させられて、問題起こすから。だから5年生に上がったいまは、学年間でとにかく子どもたちを受け入れようって決めて、いろんなことを経験したり、表現できる場をたくさん設けようとしてます。抑えられてきて育ってきた子どもたちの実態を見てショックでしたね。だから、全ての先生に特別支援は経験して欲しいって思ってますね。特支を経験してない先生は支援が必要な子を見過ごしがちなんです。

また、この学校には家庭で使われている言語が日本語じゃない子どもが当たり前にいるんですよ。保護者が日本語通じないから支援方法がわからなくて見過ごしたり、子どもに適した支援をしないから、その子どもの学力のスピードが遅れていったり、個別の対応はGoogle翻訳とかでできても、授業内ではその子まで手が回らないから、その子が授業中に抜け出すんですよ。言葉が通じないから。こういう子を受け入れてるのに教育委員会が何も助けない、環境も整えない、学校が何も訴えないのが腹立つ。親も環境に合わせるように努力しないといけないけど、学校側がそっち（親側）に合わせるようにしてって言うのもおかしい。何も手助けしないんだったら、断って他のインターナショナルスクールに行かせればいいのにって思う。何もかも全部教師に投げるんだったら。こんな話は同僚と話すんですけど、「真面目だね」で終わる。だから話したくないんですよ。飲み会とかも自分自身の引き出しが増えるって思って質問してたんですけど、いまはしないです。疲れてるんですよ。こんな問題に対して向き合って話す機会がない、そんな力もないんですよ、周りが。

―学校や教師に求めていること、期待していることはありますか？

まず、教師が明るくなれるような仕事内容にして欲しい。授業で頑張っているのにやることが多いんですよ。この町は学級活動でクラス会議をやるんですよ。円になって一人ひとり課題に対して発言をする、発言しなくてもパスしていいよっていうルールがあって、それを町は全学校で取り組むために、教師の研修に入れてやってるんですよ。来年から本格的に始めるので、それをいま、やりなさいってなってて、それ以外にも他のこともやらないといけない。徴収金袋を使って集めて、無かったら呼びかけてとか、小さな雑務が多いんですよ。PayPayで出来ないのか。今、令和だぞ？って思いますけど（笑）。トラブルが起こった時に上がしっかりしてないんですよ。家計が厳しい子の親が辞書代1万円出したのにその子が紛失してしまって、こういう時ってどうするの？って教頭に聞いたことがあるんですけど、「はあ、仕方ないよね。昔は教師が代わりに出してたよ」って言ってて、いま、どうするべきか知りたいんですけど。

宿題の内容とかもチェックしないといけないし。今は宿題廃止派の先生が多いので、はてなノートができて、子どもが自分に興味があるものを自分で調べてくるっていうものなんですけど、それはスタンプを押すだけ。出してない子に出しなさいって言わなくてもいいっていう共通理解があるんですよ。だから少しは楽になりました。

周りの先生方の中には、朝6時とか早い時間に出勤して仕事する先生もいますよ。子どもの迎えをしないといけないから午後5時に退勤するんですけど、朝早くから来てやってます。あと、子どもたちに悪影響にならないように、先生がだらしない人だったらフォローするのは私たち。難儀する。だからたまに思うんですよ、鈍臭《どんくさ》いっていいなあって。ハッピーだなって思う。そうなりたいって思うけどなれない。だから4校時授業して、午後はフリースクールのように子どもがやりたいことをさせる時間にして欲しい。でも、いまの学校はやらないといけないことが多くて、子どもの休み時間も少ないから、子どもが「学校は地獄だ」って言う。去年は「地獄だ」って言ってた子を持ってるんですけど、保護者面談の時に、その子がなんでも受け入れてくれるから学校が楽しい、遅刻ギリギリだったのが、いまは遅刻しないで行くようになってるから、先生、ありがとうってその子の親に言われたんですよ。だからその時に、自分がやったことは正しかったんだなって。

４．40代―授業スキルの高い臨時教師―

３人目の教師は、40代の男性の臨時教師である。私は、沖縄市の教育委員をしていて、毎年、5月頃、３～４校程度の小学校と中学校を訪問し、駆け足だけれども授業を参観している。２０２３年5月、沖縄市の小学校を訪れ、この数年間で最も興味深い授業を参観した。子どもはタブレットを駆使し、その教師は、黒板も併用しながら授業を進行していく。子どものノートをのぞくと、教師の丁寧な板書とノート指導がうかがえる。「学校訪問」用の準備された授業ではなく、普段から、質の高い授業を目指している姿勢を感じた。授業後、校長、教頭を交えての懇談会で、この教師の授業の見事さについてコメントした。校長は、「そうなんですよね。臨時の教師であれほどの授業の技量は見事で、早く採用して下さいよ」と。こちらには、採用する権限は全くないが、授業といい、学級経営といい、丁寧な仕事ぶりが感じられた。子どもとのかかわりも自然体でしなやかである。そして様々な情報を収集しようとするアンテナの高い教師であった。３か月後、アポをとり、お話を聞く機会を得た（２０２３年8月7日、於：沖縄市内の学校）。

—5月の学校訪問での授業参観では、大変、勉強させて頂きました。臨時教師を長いことしているということで校長から聞きました。いまの学校は、何年目ですか？

僕は今年41歳で、今の学校、今年で3年目なので異動対象ですね。臨時の場合は基本3年間ですね。住んでるところは沖縄市内なので、30分くらいの通勤。今の学級は20人しかいないんですけど、子どもたちも落ち着いてるのですごくやりやすいです。去年と一昨年の先生方がとても鍛えてくれてたことに感謝してます。生徒指導がすごく少ないですね。

—元々、教師志望だったんですか？

僕の両親は、小学校の教師で。この前、校内研の話し合うテーマで「なぜ小学校の先生になったんですか？」ってあったんですけど。まあそれぞれ理由はあるじゃないですか。「小学校の先生のこの言葉が良かった」とか。僕は「目の前にある、わかりやすい仕事を選んだ」って感じなんです。親がやっていたというのもあるし。子どもの頃は、先生と警察官と消防士がランクイン。わかりやすい職業にしたって感じでした。

高校卒業後は大分の大学に進学して、在学中に小学校の教員免許を取得しました。そこの仲間で教師になっている人はいますね。全然連絡は取ってはいないんですけど。大学卒業した後は沖縄に一旦戻ってきたんですけど、当時は臨時もなかなか無かったので、すぐ大分に戻って、そこで修学旅行生を受け入れるリゾート施設があって、リゾート施設って言っても田舎の海の側にあるだけなんですけど（笑）。旅行生は、主に中学生だったんですけど、そこで受け入れをして、その子たちをビーチで遊ばせたり、ウィンドサーフィンの準備をしたりするバイトをしていました。２、３か月くらいそのバイトをした後に沖縄に戻って、臨時を2年しました。

――沖縄での臨時は、どの学校からスタート？

最初は、うるま市の川崎小学校で2年間、２年生の担任をしたんですよ。だけど、「これは続けられる仕事じゃない」って思ったんですよ（笑）。何をしたらいいのかわかんないし。教育実習は、地元の小学校で経験済みですけど、実習で学んだことが活きるような感じではなかったんです。周りはすごく良い先生方だったんですけど、続けられるかなって思ったんですね。子どもたちが荒れてたっていうわけでもないですけど、業務をこなせるか自信がなくて、無理だって思いましたね。

川崎小学校の2年生の担任をしてた時、頭に描いてた子どもたちと現実にズレはすごくありました。僕が若くて、自分が思うように子どもが動くわけじゃない、可愛いで済むような子たちじゃないんだなっていうのがあって、納得してくれるようにしないといけないけど。僕は、怒鳴って怒鳴っての毎日でした。指示が多かったかな。子どもを相手にしてる時がイライラしてるなっていうのと、指導要録とかの業務がキツかったですね。事務ですね。それを除いても子どもに向き合おうっていう姿勢がなくて、事務もこなせなかったので、この仕事、やっぱり無理だなって思ったんです。でも他にやりたい仕事があったわけでもなかったので、沖縄市の児童センターがあるんですけど、そこに児童厚生員という仕事があって、お給料は低かったんですけど小学校の免許があれば児童厚生員になれるってわかったので、そこを試しにやりました。そこでは小学生を相手に遊び指導をしていました。

午前中はお母さんたちと一緒に小さい子たちを世話して、午後は子どもたちの遊ぶ計画を立てるのと、安全管理をしていましたね。それがすごく楽しかったですね。やっぱり子どもとかかわる仕事の方が好きなのかもしれないなって。すごく良いきっかけだったのが、ドッジボール大会。中頭地区の各児童館がそれぞれチームを組んで、ドッジボールをするんですよ。部活をしている子はドッジボール大会には参加せず、部活をしていない子たちでチーム作ろうってなって。今まで大会で勝ったことがなかったらしいんですよ。それで、「部活っぽく頑張ってみようか！」ってなって、計画的に練習したり、図書館でドッジボールが上手くなるための本を見ながらやったりしました。そしたら大会では、すごく頑張った僕らの子どもが余裕で優勝しちゃって（笑）。ヤンチャな子もいましたけど、それがすごく楽しかったのを覚えてますね。子どもたちは3年生から6年生までいたかな。大会はリーグ戦で、3回勝って優勝だったたんですけど、それまで全然勝てなかったってことで子どもたちは帰りのバスの中でワーワー騒いで喜んでましたね。

指導する方もやっぱり楽しいなって思ったので、もう1回だけ、学校でやってみたいなと思って。児童センターは半年くらいでした。センターではすごくやりがいを感じて、給料さえもう少しあれば、ずっとやっても良いなあって思ったんですけど。児童厚生員も時給にしては悪くないなと思ってたんですけど、ただ出勤した分なのでそれを考えた時に、んーってなりました。

4月から、知り合いの先輩先生に呼ばれて読谷小学校で働き始めました。読谷小学校もすごく良かったですよ。勤務1年目は算数の加配だったんですよ。ギリギリで着任が決まって、もう担任は埋まっちゃってたので。別の先生と一緒に算数をして、最初は3年生に教えて、2年目に4年生担任、3年目に5年生担任だったので、ガッツリその子たちを見ることができたんですね。持ち上がりがとても良くて、それはすごく良い思い出ですね。

―読谷小学校の次の学校は、どちらでしたか？

次は具志川小学校でしたね。ちょっと採用試験の勉強しようかなって思ってた時があったんですけど、まあそれも上手くいかなかったんですが。試験も終わったし、そろそろ仕事しないといけないなって思って具志川小学校に行くことができたんですよ。

バイトは短期でいっぱい回してもらってて。自分がそうしたいって希望したので。うるま市の州崎にある黒砂糖の製造工場とか、ヤクルトの工場で製品の詰め替えをしたり、制服を作る工場の卸倉庫で検品の仕事をしましたね。これらの仕事も楽しかったですね。

具志川小に決まったのは2学期からでした。担任の先生が妊娠されたってことだったので。そこでも3年間ガッツリ同じ学年を見ることができました。やっぱり持ち上がりは良かったですね。名残惜しさが読谷小学校と具志川小学校は、すごく残っていますね。具志川小学校から伊波小学校、その次に南原小学校ですね。伊波小学校にも3年間いました。

―採用試験は、受けているのですか?

今年も採用試験は受けました。採用試験には時間をかけて取り組まないといけないんですが、恥ずかしい話、僕は、教材研究の方が楽しいって思っている部分があって。これから、採用試験、頑張らないといけないなと思ってますけど。結婚したので、妻の目も気にしながらですけど(笑)。妻は保育士で、大分の大学の後輩になるんですけど。ずっと一緒だったわけじゃないんですけど、お付き合いすることになって、妻は九州出身なので結婚を機にこっちに来たんですよ。採用試験のことを妻は、両親から聞いてて、まあ、「早く合格しろ」という圧もあるんで(笑)。僕が38歳の時に結婚して、今年で3年目になりますね。沖縄に来てもらってるからには、頑張らないとな、と思ってますけど、教材研究の方が楽しくて、ついそっちに行っちゃいますね。

―専門の教科とか、力を入れている教科は、あるの？

大学の頃とかに特化したい教科とかは全くなくて、何も考えてませんでした。１年目の23歳の時に校長に「あなたの興味のある教科とか、特化したい教科は何かな？」って聞かれたことがあったんですけど、「何も考えてないです」って答えましたね。「早く身につけた方がいいよ」ってことを仰ってましたけど。

教師生活の楽しさを感じるようになったのは、伊波小学校の3年目、35歳の時だったんですけど、その時ぐらいからゆとりを持って、信念を持って自分なりにできるようになりましたね。

Ｙ先生の影響も大きかった。「この人は本気だな」って感じたんです。彼とは僕が伊波小学校2年目の時に同じ6年を担当してて、３年目になった時に県立教育センターに行ったんです。そしたら、もう一人組んでた先生が「Ｙがいないと不安だね」って悪気もなく僕に言ったんですよ（笑）。「俺いるけどなぁ」って思ったんですけど（笑）。Ｙ先生のことを頭の中にイメージしながら、子どもへの接し方とか、国語の教材研究もしっかりやらないといけないなというのがあって、Ｙ先生は、ＵＤ（ユニバーサルデザイン：学級に在籍する発達障害など特別な支援を必要とする子どもの理解を促す手立てを採用することで、全ての子どもたちが「わかる・できる」を目指す授業づくりのこと）に関してすごく精通しているので、彼が持ってたＵＤの本も読んだりして、その時が一番楽しかった。県外出身なのに、県民に寄与してるなって思ってました。５つ下のＹ先生は脅威でしたね。

――Y先生の影響は大きいですね。そのほかにも、刺激を受けた先生はいますか？

読谷小学校ではC先生に道徳の授業を見てもらってましたね。C先生とは読谷小学校で2年間一緒でした。スキルアップに関しては、僕は研究会とかは特に属したことはないんですけど、前任校の学力推進の担当の先生の影響がすごかったんじゃないかなと思います。前任校はうるま市の南原小学校ですね。パッと浮かんだのは、僕が3年間いた時の、特に2年間はK先生という方に授業をよく見て頂いて。また、教材とかもらったり、「これはこうやった方がいいですか？」と聞いてアドバイスを頂いたりしていましたね。K先生は算数だったんですけど、国語の授業を1単元丸々入ってくれたこともあって、そういうことがあったからこそ、今の自分のスキルがあるのかなと思います。

――臨時教師を続けてきて、いまの学校や教師に考えて欲しいことってありますか？

今の学校に関しては、うちは小さいので、全体で統一はしやすいですけど。校務分掌は情報と生徒指導担当の重めのものが2つ。校務分掌はもっと力のある先生にやってもらえないかなって思うことはありますね、正直。若い時は重い仕事は全部先輩方がやってくれてたので、「臨時って楽だなぁ」って思ってたことはあるんですけど、南原小学校ぐらいから「あれ、他にいっぱいいるけどなぁ」って。伊波小学校では休みを取る方が多くて、病休とかではなくて。ちょっとした時に年休取ってクラスがガッツリ空いちゃって、すごく頑張ってる先輩がカバーしてるけど、休んでいる先生は何も感じてないようで。若い臨時の子が「そろそろ、○○先生、休むと思うんで、これ準備しておきますね」って言って、すごく気が利く子がいたんですよ。ある先生はよく体調不良になったので、高学年担当だった私たちは専科の時間にその時に休んでいる先生のクラスに行かないといけないという感じでした。

教職は、民間企業と違って手続きさえすれば休んでいても給料はあるじゃないですか。だから安心して休むことができてるんだろうけど、その分、他の人に負担がかかっていますよね。本人はその場にいないんで気づいてないと思うんですけど。読谷小学校とかにいる時は、全然そんなの感じたことなかったんですけど。前の学校で別の先輩が他の先生のことを「あの先生、全然、仕事しないよね」って愚痴ってた理由ってこういうことなんだなって理解して、悪い部分が見えてしまいましたね。

――教師を続けてきて、自分自身が変わってきたことって何だろう？

若い時と比べると、今の方が自分を肯定できていると思います。若い時はすごく高圧的だったんですけど、今は子どもに寄り添うことができてるかな。高学年の担任になると、男の先生が初めてっていう子たちも多いので、気を付けてますね。前任校の南原小学校にいる時、４年生の担任になって、初っ端からまだ話したこともない女の子がシクシク泣いて、すぐお母さんに電話して、「お母さん、〇〇さん、僕のことどうみてますかね?」って聞いたら、「男の先生が初めてなので緊張しているみたいです」って仰ってたので、「じゃあ、穏やかに話すようにしますね」って言って、そこから意識して口調を変えました。

言葉遣いは20歳の時と全然違うし。さっきの南原小学校のK先生の話し方は時々頭の中に浮かぶ時はありますね。K先生は女性的な柔らかい言葉をとても好んで使っていらっしゃった。本人は「俺は若い時はこんなじゃなかったよ。今はこうだけどね。オネエ言葉をよく使うようにしてるよ」って仰ってたんですね。僕はそこまではできないんですけど、子どもの前では自分のことを「先生」って言わずに「私」って言うように特に意識してます。「私」が「俺」って言ってたら、怒ってる時だから離れようぜってなってます。あとはできるだけ敬語を使うことと、「あなた」と言うようにしてることですかね。尊敬語や謙譲語を意識しながら使ってますね。今思えば、子どもに対する指導もすごく変わった。20代と30代後半では。

学級経営は、若い時はトップダウンだったんですけど、今はベースボール型とか、バレーボール型とかありますよね。ああいうのを取り入れながら、できるだけ授業の中で子どもの声が出るようにしました。伊波小学校での教材研究の時に、Y先生が抜けた後の翌年は授業研がよくあったんですね。その時に4クラスあったんで、4人で教材研究をして、それがすごく楽しかったたんですよ。O先生っていう方とU先生っていう主任の方と、あと１つ上の先輩と教材研究をしてる時には国語の授業だったんですけど、その時に子どもたちに意見を言わせて要点をまとめていくっていう授業だったんですね。それがすごく楽しくて、そこから国語にバイアスが寄ってきたかなって感じで、Y先生のUDの本を読んだりし始めましたね。自分で本を読んで、やってみようって感じでした。良いところをできるだけ取るようにして、大きい単元は特に時間をかけてノート作ったりしました。その反面、特別活動がまだまだ足りないなとすごく感じていますね。

特活には良い先輩がいて、今、北谷第２小で管理職になられた先生がいらっしゃるんですけど、その先生から話を聞いたりしてました。教科は経験もあるし、資料もある程度ありますよね。授業づくりとしてはこの手法をここに持ってこようとか臨機応変にできるんですけど、特活が全然できてなくて、話し合い活動とかどういう風にしたらいいかなって思ってて、夏休みにちょっと勉強したいなって思って、今おすすめしてもらった本を読んでいる途中なんですけど。子どもからは自分たちの考えで意見をまとめたり決定したりする場面が多いみたいなところがあって、hyper -QU（学校生活に対する満足度や意欲、悩みなど、子ども一人ひとりの心の状態を把握することのできる心理テスト）が低かったんですね。担任が課題だと思ってる部分と子どもたちが満足していない部分が合致してて、課題が浮き彫りになっていたので、「そこはやらないと先生のクラスはこうなりますよ」みたいな助言があるじゃないですか。

仕事に対して、楽しいとか給料が良いからというわけではなく、情熱を持ってこんな学級を経営してみたい、授業をしてみたいっていうのがやっと増えてきたと思います。次の学校は、学年が2から3クラス規模の学校がいいですけど（笑）。

5．50代 ― 保護者との関係に悩む ―

臨時教師のNは、ラグビー経験者のような体格である。彼は20代で臨時教師を始めた。30代の頃まで、何度か採用試験に挑戦したようであるが、その後は、ほぼ臨時教師で生活を営んでいる。私は平成元年度に小学校教師として採用され、しばらくして私の勤める学校にNが臨時教師として赴任してきた。Nは、学生時代、合唱で鳴らしたこともあって声が太くて大きく、そして、エネルギッシュである。いまでも、臨時をしているので、教職経験は30年以上のベテランであるが、ずっと継続してきたわけではない。臨時の職がない時は、道路工事の現場などで汗を流した。Nは、小学校の臨時を中心に、中学校や特別支援学校でも経験を重ねてきた。もうすぐ還暦を迎えるNから、臨時教師の話を聞きたくて、アポをとった。8年ぶりの再会である（2024年5月3日、於：沖縄市内のファーストフード店）。Nは、大学では、中学や高校の社会科の免許取得を目指したが、いくつかの科目の履修を逃したため、卒業時、免許状はもらえなかった。大学卒業後、従弟から臨時の話を聞き、小中併置校《へいちこう》で教師を始めた。免許状は取得していなかったので、臨時免許状（助教諭）を発行してもらっての教師生活のスタートであった。

―校種が異なる学校に勤める時、臨時免許状の発行はよくあるが、免許がない者に臨時免許状は出すことができるんだね。

大学卒業時に、教職科目の全てを履修していなかったので、免許状はもらえなかった。ただ、大学の4年次の採用試験の時には、免許取得見込で受けたんだ。卒業後、大学の指導教員に「人物に関する調書」を書いて頂いて、教育事務所に提出したら、臨時免許状が出たね。教職科目の「教育原理」「教育心理」「教育方法」だったかな、この科目の履修があって、「人物評価」を出したら、免許状が下りた。26歳の頃から臨時を始めて。離島の小中併置校から始めた。驚いたのは、この僕が美術の担当とは（笑）。臨時免許状は保健体育と書いてあったけど。僕は、大学では、中学と高校の社会科免許関係を履修していたので学校現場では、自分の専門と担当科目が違うというのも、だいぶアバウトだなあと思った。

―離島の学校は翌年の3月まで勤めたの？

3月まで離島で勤めて、ひと月空いて、今度は、沖縄市の小学校で臨時。この時には、小学校の助教諭免許状が出て勤めた。小学校で勤務しながら、夜間、1年間、大学に通い、単位を取って、中学校の社会科、高校の地歴と公民の免許状を取得した。仕事をしながら大学に通うのはなかなか大変だったけど、免許状が取れたのは良かった。その後は、中部地区の小学校を中心に臨時をしてきた。同じ学校に2回勤めたこともあるので、全部で25校以上は、経験したかな。沖縄市、うるま市、読谷村、宜野湾市、西原町、恩納村、中城村の学校。最初の学校は、さっき話した離島の小中併置校。最近勤めた沖縄市の小学校では、肢体《したい》不自由児の子どもを担当した。車椅子の子。うるま市や中城村などもまわって、いまの学校。最初の頃は、理科専科が多かったけど、担任も多くなって、いまでは半々かな。初任研の時間講師をしていた時期もあった。時間講師は、2校4クラスほど、まわっていたので、これらを入れると、30校以上の学校を経験したことになるなあ。

—かなりの数の臨時経験だね。

子どもたちには、「先生は、この学校で一番、たくさんの学校を知っているよ」と言っているけどね（笑）。ずっと、臨時が続くことはなくて、途切れたり、なかなか教育事務所から電話がなかったりして、空いた時期もあるよ。生活をしないといけないので、他業種の仕事をしたりした。

――これまで担任を経験してきて、子どものことで強烈な印象の出来事はなかった？

そりゃ、いろんな子がいたけど。３年生の担任の時に、暴力をふるう子がいてね。全く、手に負えない子がいて大変だった。授業を妨害したり、他の子に暴力をふるったりしていた。数名の子がこの子に引っ張られて一緒に騒ぐようになった。他の子を殴ったり、蹴ったり、首を絞めたりして。器物破損もあったね。暴言もひどかった。授業中なのに僕にも、消しゴムをちぎって投げてきて、挑発もすごかった。今の言葉でいうと、煽《あお》る、と言うんだろうな。校長に報告しても、「あなたの指導力の問題でしょう」という感じで受け止められたようで、他の子たちへの被害を食い止め、授業を成り立たせたいと思って相談したのだが、うーんって感じ。この時は管理職から、この子たちにいじめられたり授業を妨害されたりしている他の子たちへの思いが聞けなかったのが残念だった。授業中の見回りを強化してくれたけどそれでは収まらなかった。

この学校の校区内は、一戸建てが多くて、たぶん、生活的にも安定している親が多かった。公務員や学校の先生が結構住んでいる地域という声も聞こえてきたな。以前の学校もそういう環境だったので、周りからは、「子どもへの言動には気をつけなさいよ。誤解を受けるような言動は特に気をつけなさいよ、親は敏感だから」と言われたことを思い出した。

―その子の保護者とは会って、話したりはしたんでしょう？

何度か会って話し合いをするけどね、しかし、一方的に言われている感じだった。圧をかけるような話し方をする男親。僕よりも若いけど、身長は高いし、上から目線で攻め立てるような口調でね。僕とこの子とのやりとりの一部を、こちらの落ち度だと思える部分だけを切り取って攻め立ててくる。担任の指導がなぜこのような形になったのか、という部分は一切無視して、その子や親の都合のいい主張だけを押し通そうと攻め立ててくる。何か説明すると言葉尻をとって、悪い方に解釈して言い返してくるから、何を言っても状況がどんどん悪くなっていくので返答のしようがない。言われっぱなしだったな。母親の方からは子どもがそばで聞いているのにもかかわらず、ちょっとここには出せないような暴言も言われた。この子の問題行動は、親からのプレッシャーから来ているんじゃないかな、と強く感じたね。親と子で、ものの言い方や話のもって行きかたが全く同じだった。ああそうか、そうだろうな、と思ったよ。変なところで合点がいった。

その時は校長、教頭が慌てて教室に来たので、間に入ってくれて場を少しは和らげてくれるのかなと思ったけど、「そんな指導はだめだよ」などとダメ出しを言われた。親の気持ちに配慮しつつも、担任は担任で何がより良いのかをその場その場で考えながら指導しているということを伝えて欲しかったのだが、完全に親の方の立場で言うもんだから、この時は、まいったね。クレーマー対応で、とにかく相手が言いたいことを全部吐き出し、言うことがなくなったころ合いを見計って丸めるということをやろうとしているのかな、とも思ったけど、いつまでもその時が来なかったね。

―指導の難しさを感じる子どもは、増えてきた感じはあるの？　親は、どうなんだろうか？

数多くの学校を経験してきて感じる。子どもだけではなく、関係をなかなかつくりきれない保護者も多くなった感じ。いまの保護者の年齢が、30～40代だとすると、それまでの教育の在り方とか、しつけの結果として、いまの大人の存在があるわけね。そうすると、これまでの教育の在り方が、果たして良かったのかどうか。家庭とか、学校の教育を含めて、全部。中学生くらいになると、教師の立ち位置なんかもわかってくるでしょう。教師は、管理職や強く出てくる親には頭が上がらないとか、社会的な立場とか。そんなわかったつもりの感覚のまま大人になって、親になって、教師に物言いをする人が増えたのかもしれない。

―何が問題なんだろう？

子どもも親も、教師もそうだけど、視野が狭くなったんじゃないかな。いろんな価値観にふれて、本当の意味で相手を感じ取る、理解するという機会が極端に少なくなったんじゃないかな。お互いがつながる回路がなかなかつくれない。だから、自分のことだけ。自分の側から見える視界だけでの情報と判断。新聞も読まなくなったし、自分に必要な情報は、ネットから得られるけど、自分に都合のいい情報や自分の考えに合った情報だけを受け入れるというバイアスがかかるんじゃないかな。それから、親は自分の子どもをすごくかばうね。学校でもめ事があると、子どもは親に言うけど、けっして自分の都合の悪いことは言わない。そうすると、親は、子どもの言っていることを鵜呑《うの》みにして、子どもをかばう姿勢になる。

子どもは悪さをしたりして、責められそうな要素が自分の側にあると、叱られる怖さから、なるべく自分が責められない方へバイアスのかかったものの言い方をすることがある。子どもという立場の弱さからくる精一杯の自己保身なのだが、結果として嘘という形になってしまうこともある。そのような一面もあるということを親も教師も頭の中に入れておいて話を聞き、判断する必要があると思う。

こんなことがあった。ひどい暴言を吐いていじめた子がいてね。いじめられた子は気持ちの優しい子ですごく泣いて。そこで、私がいじめた子を叱ったら、すぐに、母親が出てきて、「先生は、この子になんて言ったんですか？　うちの子どもがかわいそうです」みたいに攻めてきて。「お母さん、叱責した理由を聞きましたか？　いじめられた子のことを聞いていますか？」と聞いたら、全く、伝わっていない。自分の子どもが一番で、その叱責の理由とか、前後の関係に思いを寄せきれなくなってきているんじゃないかな。

――教育学者の小野田正利の言っている「自子中心」の親の典型的な例ですね。自分の子どもが一番で、自分の子どもを中心に考えている例ですね。

やはり、保護者も教師も、見える範囲が狭くなっているなと感じる。それは、僕自身もしっかりできているとは言えないなと反省することがある。もう少し視野を広げて、チャンネルをもっと持つと、お互いがつながる機会が増えるかと思うけど、実際は、なかなか厳しい状況。話がかみ合わない感じで。新聞の投稿欄を読むなどして他の人の経験を共有するとか、追体験するとか、そういう積み重ねは、他の人を理解する上で大切だと思うんだけど。

――子どもや親のことで話を聞いてきたけど、同僚の先生方についてはどうだろう？

話がだいぶ伝わりにくくなってきたな（笑）。感覚が違う。価値観が違うんだな。還暦を迎える年齢になってきたんで、年代の違いというのは当然あるけど、でも、なんというのか、別世界だな。それでも仕事に対しては真面目に取り組み、頑張っている人たちなので、お邪魔をしてはいけないという気持ちから、あまり積極的に意見を言うということもなくなってきたからな（笑）。最近、こんなことがあった。先月、いまの学校で歓迎会があって、飲み会があったわけ。40代の体育系の先生と学校談義。まあ、40代なんで、多少、年齢的には近いから話ができた。そしたら、若い教師が来て、「えっ、なんで学校の話をしているんですか？」って。「なんで、飲み会の楽しい時に、仕事の話をするんですか？」って。こんなことを聞くと、その人の価値観なりがみえてきて、なんか違うなあ、と。僕なんか、好きで教師をしていて、飲み会でも好きな学校のこと、仕事のことを話題にするのが楽しいし、他の教師の考えや価値観に触れて、共感したり、その人に対する理解が深まったり、その教師の手法を取り入れたりと情報収集の場でもある。そういう機会があると自分が高まった気持ちになる。その辺はもう最近は違うね。職場の飲み会なら当然、盛り上がる話題は仕事のことだと考えそうだが、いまの若い人たちには理解しにくいかもしれない。若い先生が飲み会のセッティングをしたら、一次会は飲み会、二次会はボウリング。酒を飲んだ後、ボウリングなんて出来るか？と。いやあ、なんか感覚が違うね。

6．4人の臨時教師の話を聞き終えて

20代から50代の職場も異なる4人の臨時教師からお話を聞いた。20代の臨時教師は、大学卒業後、教師生活を始めるが、その仕事の多さに驚き、様々な困難を抱える子どもと日々格闘している。大学の教職の授業で、学校現場の状況や子どもの実態については聞いていたかもしれないが、実際に教師として働き始めると、想像以上の仕事量に戸惑っている状況である。30代教師は、前例主義の学校の運営に不満を示しながらも、彼女自身の思いや願いを教室の中で実現しようとす

るが、同調圧力のなかでもがいている姿もみられた。40代教師は、既婚者であるが、採用試験突破にあくせくしている様子はみられない。前向きな同僚教師との出会いがあって、教師としての自身の資質能力の積み上げに余念がない。学校には、こうした真面目で授業スキルの高い臨時の教師が少なからずいらっしゃるが、採用試験にはなかなか合格できない。積極的に特別選考などの枠をつくるべきだとも考えてしまう。50代教師は、数多くの学校での経験を経てきた者である。それでも、子どもや保護者との関係性に悩む姿がみられた。保護者から暴言を吐かれながらも、自身の教育観を理解してもらう姿勢をみせていた。

学校を支えている臨時の教師は、数多い。本務の教師と同じように、それぞれの思いや願い、そして葛藤を抱えながら、子どもと向き合っている。臨時の教師は、短期間の在職で次の学校へ異動する場合が多い。彼らも悩み多き同僚である。学校の中で孤立させずに、同じ学校の職員として共に教育活動を進めたいものである。

コラム

童話・お話大会

かつて、童話・お話大会は学校の一大行事であった（現在でも、取り組んでいる学校はある）。低学年であれば「童話」、高学年は「お話」であった。沖縄の子どもの表現力育成、共通語教育の指導の一環で始まったものと思われる。学級代表を選び、学年代表を選び、学校代表となって地区大会へ出場した。学校代表の選抜の際は、教師とPTA代表者が審査員であった。学級の選抜から学校代表を選ぶまで、かなりの授業時数が費やされたと思うが、当時の教師はどのようにしてカウントしたのだろうか。国語や特別活動の時数として計算したのであろうか。

同級生のO君は、毎年、学校・地区代表となった。「童話」も「お話」もたいそう上手で、他を圧倒した。いまでは、沖縄の福祉業界で知らない者はいないほどの実践者である。講演活動、福祉の支援活動で県内外を飛び回っている。彼の饒舌《じょうぜつ》で聴衆を引き付ける話術は、小学校時代の「童話・お話大会」で培ったものであると確信している。

第４章　復帰・組合・研究会

1．復帰時の学校と社会科教育研究会 ― 宮城盛雄 ―

宮城盛雄（1948年生）先生は、20代の頃から、沖縄県の小学校社会科教育研究会に所属し、実践活動を続けてきた。特に、中頭地区の研究会で活躍し、後進の指導も熱心であった。沖縄の復帰前につくられた本土派遣研究教員制度というものがあったが（沖縄の教師を日本本土の学校へ長期間派遣する研修制度。この制度は復帰後も名称を変更して継続された）、宮城先生は最後の研究教員であった。

私は、平成元年度に小学校教師として採用され、翌年の2月、沖縄県の視聴覚関係の研究集会にて、自作教材を活用した社会科学習について報告を求められた。初任者の私にとっては荷が重い仕事であったが、研究会の宮城先生の助言を頂きながら、紅型や壺屋焼、琉球絣《かすり》等の伝統工芸をビデオ教材として編集し授業で活用できるように提案した。宮城先生との出会いはこれが初めてであり、これを機会に社会科の研究会に入り、以降、宮城先生から大いに学ばせて頂いた。宮城先生は、採用されてから組合活動に励むが、社会科の研究会にかかわりはじめ、40代後半に管理職を目指した。教頭時代、心臓病を患い、退職校となる学校では脳梗塞で倒れるなど、50代から健康不安を抱えながらの管理職生活であった。

復帰直前に、小学校教師として採用された宮城先生から、復帰前後の沖縄の学校と研究会活動について話を聞く機会を得た。梅雨時期の晴れ間の宮城先生宅の訪問であった（２０２４年６月２日、於：宜野湾市の宮城盛雄宅）。

〈宮城盛雄の学校勤務歴〉

１９７２年４月／津堅《つけん》小中学校（採用）→田場小学校→北中城《きたなかぐすく》小学校→山内小学校→美里小学校→安富祖《あふそ》小中学校→宜野湾市教育委員会（指導主事／教頭格）→西原小学校（教頭）→北中城村教育委員会（指導主事／教頭格）→嘉手納《かでな》小学校（校長）→嘉数小学校（校長）→宜野湾市教育委員会（指導部長）→宜野湾小学校（校長、２００８年３月退職）

嘉納　先生は、復帰の年の１９７２年４月に採用されたと聞いていますが、最初の赴任校はどちらでしたか？

宮城　津堅の小中学校でしたね。琉大を３月に卒業しても、学校配属が決まっていなくてね。教育委員会から連絡がなかった。焦っていたね。それで、そのまま大学の授業の聴講をしようかとも考えていた。たまたま教育事務所に学校の配置のことを聞きに行ったら、桃原《とうばる》小学校と津堅小中学校の校長が居合わせていてね。２人の校長が、私の採用校のことで話している感じで、そこで、津堅の校長が、いきなり、うちに決まったよ、と言われて。いまの時代ではあり得ないね、そんなこと。そして唐突に、「島で送迎会があるから、いまから一緒に行くよ」と言われて、そのまま、津堅へ。自分の家族には知らせることがないまま。屋慶名《やけな》の港から小さな船に乗って、津堅島へ。小さい船だから、揺れたね。

突然の新参者に職員は驚きつつも、大歓迎された。私は5年生の担任になった。3年生と5年生は確か2クラスあって、あとは、1クラス。小中学校全体で、300名程もいたんじゃないかな。いまの津堅小は、1年生から6年生まで、10名程度でしょうから、当時、子どもの数は、多かったたし、にぎやかでもあった。

嘉納 島の学校に着任して、子どもの印象はどのようなものでしたか？

宮城 みんな素直な子どもたちだったけど、言葉を知らないというか、語彙力の足りなさを感じたね。自分の考えや気持ちを表現する力は課題だったな。職員間でもいつも話題になったよ。島は小さいので、刺激が少ないというか。学力的にも弱かった。掛け算とか割り算とか、不得手《ふえて》が多かった。基礎的な学力が定着していない、そんな感じだった。でも、子どもたちはみんな仲が良くてね、生まれてからずっと一緒でしょう、学校でも、放課後も。みんな兄弟って感じで、上の子が小さい子どもの世話を自然としていたね。

津堅で、特に、思い出深いのは、初めて遠足というか、修学旅行をしたことかな。夏休みに企画して。もちろん、他の先生方の協力を得てね。本島の学校では、遠足や修学旅行はあるけど、津堅小学校にはまだなかったから。津堅島の近くにアフ岩[1]があって、そこは、小さな島で無人島。干潮《かんちょう》になると歩いて行けるから、そこで泊まって。6年生の子どもたちは、とても喜んでいたね。みんなで泊まることってなかったからね。津堅での最大の思い出だな。

嘉納　先生は、毎日、船で、津堅島まで通っていたんですか?

宮城　いやいや、そうじゃなくて。学校の側に、まかない付きの青年部（通常、男性職員を指す）の宿泊所があって、そこで生活。青年部の宿泊所と女子職員の2つの宿泊所があった。人数が多くなって部屋に泊まれなくなると、島の民家を借りて生活。僕は若いし独身だからすぐに出されて、近くの民家を借りた。土曜日の午前中の授業が終わると本島の実家に帰って、日曜日にまた、島に戻ってくる感じで。島は、水道は引かれていたけど、水はちょろちょろで、水道事情はよくなかったな。洗濯物をたくさん抱えて、本島に帰ったよ。

嘉納　復帰の年の1972年4月の採用だと、最初の給料は、ドルでもらったのですか?

宮城　4月はドルでもらって、5月15日の復帰からは、もちろん、給料は日本円。日本円を手にした時は、沖縄は復帰したんだなって、あらためて感じた。日本円はピン札で、新しいお金の匂いがプンプンした。

嘉納　復帰直後の学校の雰囲気はどのようなものでしたか?

宮城　職員は、復帰するのは当然、良いことと考えていた。アメリカに占領されていたし、一日も早く、日本に帰るべきだと考えていたね。そのために、教職員会は復帰運動をしてきたし、先輩方は、沖縄の日本復帰が目標だったからね。

5月15日の復帰の日は大雨でね。僕は、教職員組合のメンバーで船で屋慶名に渡り、与那城・勝連の連合会と合流して、那覇の与儀公園に向かった。大雨の中だったし、すごい人で、会場に着くまで時間がかかった。与儀では、肩を組んで、わっしょい、わっしょいして、熱気はすごかったね。復帰したら、基地がなくなると思っていたらそのままでしょう。だから、復帰の内容に対して反対の意思表示。男の先生も女の先生も、全身ずぶぬれで。与儀の集会が終わったら、また、島に戻って。翌日は、家庭訪問があったから。沖縄は日本に復帰したけど、結局、基地はそのままだな。

祖国復帰要求大行進（国際通り、1966年4月、沖縄県公文書館所蔵）

嘉納　私は復帰の時、小学校3年生でした。学校から筆箱とか、復帰記念メダルをもらいましたが、それについて覚えていますか？

宮城　復帰の祝いで、島の子どもたちには、ニコニコマークの筆箱とか、文房具を渡した覚えがあるね。子どもはずいぶん喜んだと思うよ。でも、復帰記念メダルについては、覚えがないなあ。メダルがあるということは知っていたけどね。

嘉納　津堅小学校の次は、どこの学校でしたか？

宮城　田場小学校だった。そこには、先輩の上原助勝さんがいたね。田場小学校では、組合活動、頑張った（笑）。管理職以外は、だいたい組合員だね。職員朝会や職員会議で校長が、管理的なことを言うと反対意見を出したね。

ただね、僕は、津堅小学校を出る時に北中城小学校に希望を出していたから、田場小学校は1年だけの勤務。1年経ったら、突然の異動で北中城小学校へ。田場小学校では5年くらいいるかと思ったけど。

田場小学校の時には、主任制導入の話があって、北中城小学校と次の山内小学校では、主任制問題で、学校はもめたね。

北中城小学校の時は、喜瀬武原《きせんばる》闘争。実弾砲撃演習で、県道104号線に行って反対運動。米軍の恩納岳《おんなだけ》、ブート岳への砲撃演習の反対

復帰記念メダル

運動に行った。分会から一人出せって言われていて、僕は独身だからって、現場に行ったら、あまり来ていなかったな、わずかな人数だった。

こんなこともあった。組合の分会の勝ち取った事例だけどね。当時の北中城小学校には附属の幼稚園があって、園児の送りは職員がしていたわけね。分会で問題にして、園児の送りは職員の仕事ではなくて、市役所の仕事ではないかと。僕は分会の意見をまとめて役所に出したね。役所とも話し合いをして、それが実現したね。

北中城小学校の次は、山内小学校。その校長は、元々、組合員でね。そして校長になった人だったから、主任制導入問題ではかなり苦労したし、悩んだと思うよ。県からの指導と組合からの突き上げで。県からは主任を決めなさいと言われるし、組合からは、管理強化ということで反対されて。元組合だったから組合の言うこともわかるし、校長としての立場上、主任を命じないといけないから苦しかったと思う。その間にあって、心労はあったはず。どこの学校の校長も悩んだと思うよ。

嘉納　主任制闘争というのは、いったい、何だったんでしょうか？

宮城　主任制の導入は学校の管理強化ではないかというのが、当時の教職員組合の考え。ただ、当時の組合は、子どもたちに身につけさせるべき学力を側において、主任制導入の反対に傾いていたんじゃないの？　いまは、そういう風に考えるね。教師のやるべきことは、子どもに学力をつけること。この辺についての話し合いというか、議論が分会でも足りなかったな、と思うよ。山内小学校から美里小学校に異動したんだけど、その頃から、段々、組合活動について考え始めるね。主任制の導入について考えるのはいいけど、同時に、教師としては、子どもに学力をつけるのが仕事、これが第一だと。

復帰前と復帰後は、青年部での飲み会や議論はかなりあったな。特に、北中城小では、校長も教頭も一緒になって月1回の模合《もあい》もしていた。だけど、復帰してしばらくすると、復帰という大きな目標は達成したけど、これからの教育とか、学校のあるべき姿とか、そんなことを酒を飲みながら議論することは、年々、少なくなった。寂しいことだね。教育について議論したり、お互いの教育観をぶつけあって徹底して議論することは教師にとって大切なことだと思うよ。教師には情熱が必要だね。堅苦しい言い方をすると、教師は、教育公務員とも言うけど、いまは、ただの公務員になったっていうか、サラリーマン的な教師になった感じだね。真面目な教師で、自分の仕事はきちんとするかもしれないけど、教育の理想を語るとか、仲間と連帯するというエネルギーは、あまり感じなくなったな。それはとても残念なことだな。

嘉納　先生は、中頭の社会科研究会で活動をしてきましたが、研究会に入るきっかけを教えてください。

宮城　採用されて4校目の山内小学校にいる時に、又吉助好先生が沖縄市の教育研究所の主事でいたわけさ。主事は、学校現場への指導的な立場でしょう。又吉先生は非常に真面目でコツコツ積み上げるタイプの性格。そこで、出会って、お習いして。指導案を書いて授業をして。会員も多いわけじゃないから、僕がしょっちゅう授業をしていたな。周りからは、「また、お前が授業か?」と言われたりもしたけど。ちゃんと教材研究して授業をしたら、子どももついてくるし。又吉先生からは、教材研究の大切さとか、授業のつくり方の基本を学んだよ。

社会科研究会というものがあって、会長は、当時の具志川市の宮里朝景先生。又吉先生は事務局長。僕は授業を公開して、会誌を出したりして。会誌を出したりするのはどちらかというと、僕は好きな方。楽しんで書いて印刷していた。会誌のおかげで、研究会の存在も少しずつ知られるようになったし。中頭には社会科研究会があるってね。それまでも社会科の研究会はあったかもしれないけど、僕が入って、活動を再開したって感じ。それまでは、他の教科の研究会は、あまりなかった。ただ、研究会ばかりしていると、組合とか周りから何か言われそうなので、仕事もちゃんとして研究会も頑張った。隣の中学校の分会長から討議の誘いがあったりしたけど、僕は、行かなくなったな。面倒くさくなったから。仕事と研究会、そして分会のふたつもできない。そんな感じになった。教材研究の

嘉納　楽しさに目覚めた、というのもある。

宮城　先生が教頭試験を受けたのは、美里小学校の時ですか？

嘉納　そうだね。合格したけど、安富祖小中学校に転勤して、教頭は「待ち」の状態。教頭の空きがないので、教育事務所からの連絡を待っていた。その後、途中人事で、宜野湾市の教育委員会へ異動。安富祖小中学校には、1年と少ししかいなかった。学校現場を離れて、教育委員会という行政の方での仕事になった。

宮城　美里小学校在職の時が、教職生活のターニングポイントの時期ですね。

嘉納　そうだね。管理職試験を受ける前に、研究教員で千葉県に派遣されたことも大きかった。研究教員制度[(2)]だな。僕が最後だったね。千葉県では、沖縄県の学生寮みたいなものがあって、そこで生活しながら。

派遣された学校の子どもたちの表現力の本当に豊かなこと。自分の考えをちゃんと伝えるし。どの子も発言するしね。文章も発表もちゃんとしているし、沖縄の子どもたちとの差を強く感じたね。千葉県の拠点の学校を中心にしながら、近郊の学校を訪ね、授業見学。ある学校では、校長先生をはじめ、歓待を受けたね。「沖縄からいらっしゃったんですね」と。派遣先の学校の先生と、その後も交流があって、僕が嘉手納小学校の校長の時まで続いたよ。

また、千葉県の受入れ校の先生と青森のりんご産地に行って、取材したね。カメラを担いで視聴覚教材づくり。雪も降って大変だったけど、非常に楽しかったな。やっぱり、社会科には、フィールドワークが大切だと痛感したね。

嘉納 校長職としては、嘉手納小学校が初ですね。

宮城 嘉手納小学校時代も楽しかったな。学校教育は地域、父母と一緒にやることを学んだね。日曜日に、保護者が講座を担当してね。プールで、カヌー教室。馬を飼っている保護者は、乗馬教室。保護者の持ち味を子どもや地域につなげて。大盛況だった。よく覚えているのは、山に竹を取りに行って、竹を割って、ソーメン流し。竹から流れるソーメンをお箸ですくって食べるというのは、なかなか家庭ではできないでしょう。子どもだけじゃなく、保護者もワイワイ喜んだね。このソーメン流し会の場面は、新聞にも載ったね。

(1) アフ岩は、ヤジリ浜沖にある無人島である。

(2) 戦後の沖縄の教育振興を目的に1952（昭和27）年に文部省が始めた「沖縄研究教員制度」を1984（昭和59）年度から「県外派遣教員制度」に名称を変更し、県費負担で県教育委員会が継続した。1988（昭和63）年度の派遣8名が最後であった。

2. ある小学校教師の回想 ― 桃原蓉子《ようこ》 ―

桃原蓉子先生と出会ったのは、1989（平成元）年度のことである。私は、同年4月に、具志川市立兼原小学校教諭に採用された。同校は、800名を超える大規模校であった。大先輩の桃原先生は、主に中学年の担任をしていた。浅黒い顔に小柄な身体でシャキシャキと裸足《からびさー》で歩き回る教師であった。話をする時は、まっすぐに相手の顔を見るので、ちょっと緊張感を覚えた者もいたかもしれない。ある時、職員室の桃原先生の机の下に、木箱に入れたアカマタ(1)を見つけた。どこかで捕まえて、飼っているようである。本人はいたって平気な顔でアカマタの話をするのだが、無毒とはいえ、アカマタは蛇である。アカマタに気づいた若い女教師は悲鳴を上げた。ヤモリでも何でも素手で捕まえるツワモノである。また、博学で、歩く図書館（移動図書館）のような方であった。熱心に本を読み、毎朝、新聞には目を通す教師であった。

2002（平成14）年に学校週5日制が完全実施されるまで、土曜日の午前中は授業であった。授業を終えて職員室に向かうと、「お昼を奢《おご》るから、宜野湾まで送れ」とか言われて、アッシー(2)としてハンドルを握った。教職員組合の集まりなのか、何の集まりかはよくわからなかったが、土曜日の午後は、忙しそうに市内外の用事に出かけた。

桃原先生の口癖は、「怖いものは、何もない！」ということだった。実際、自宅の前の道路がなかなか舗装されないので、繰り返し市役所に苦情を入れたりしたが、なしのつぶてが続いたそうである。それで、市役所の議場の前で市長をつかまえて、直談判をするような教師であった。職員室では朗々《ろうろう》と自説を語り、筋金入りの組合員を感じさせた。

平成元年度は、小学校の初任者研修制度の完全実施の年であった。この制度は、採用試験を合格した者に対して、1年間、先輩教師が学級づくりや教材研究の方法等を指導するというものである。1年間かけて、初任者を鍛えるものである。私は、初任者として採用されたので、校内で先輩教師の示範授業を参観する機会を得ていた。その中でも桃原先生の国語の授業は、実に見事なもので、いまでも強烈な印象を持っている。桃原先生から、授業の計画書である指導案（略案）を事前に頂いた。手書きの略案には、授業者の説明や発問が書かれ、それに対して子どもの反応や声が記されていた。授業を参観すると、桃原先生の質問や発問に答える子どもの発言が、略案の通り、そのままそっくり、実際に出てきた。授業後、桃原先生作成の略案を片手に授業参観の感想を述べると、「私が、こんなことを言ったら、あの子は、こんな感じで答えるでしょうに」と得々《とくとく》と説明した。普段から子ども観察の眼の確かさに舌を巻いた。

桃原先生は、うるま市出身である。地元の小中高校を卒業後、しばらく基地内で働き、その後、琉球大学へ入学した。1959（昭和34）年に、金武湾《きんわん》小中学校（現在の具志川小学校）を振り出しに、川崎小学校、あげな小学校、中の町小学校、コザ小学校、兼原《かねはら》小学校、天願《てんがん》小学校に勤めた。地元のうるま市や沖縄市で教鞭をとっていた教師である。１９９５（平成７）年3月、天願小学校で定年を迎えた。教師生活は37年である。その桃原先生も、１９３５（昭和10）年生まれの後期高齢者である。

私は兼原小学校から他校へ異動して、桃原先生とは、お会いする機会がなかった。今回、久方ぶりに、桃原節をお聞きしたいと思い、お電話を差し上げた。２０２３年8月22日、うるま市のみどり町のファーストフード店でお会いした。桃原先生は、手押し車でやってきた。知人から、「手押し車で歩いていて、恥ずかしくないか」と言われたそうだが、「もう、90歳前の高齢者が恥ずかしいも何もない」と言い放ったらしい。

店内の席に着くやいなや、Ｓサイズのコーラの注文を受けた。商品を受け取り、桃原先生の話に耳を傾けた。教師であった父親の話を始めた。

桃原　私の父親は、戦前、小学校の教師だったんだけれども、治安維持法で2年間、停職処分にあった。というのは、その頃の嘉手納では、黒糖を入れるためにタルガー（樽皮(3)）があって、その樽を作る人たちの労働環境が悪くて、改善のために組合結成の話があったわけ。自分たちの働く環境を良くしようと組合結成の動きがあったわけね。父親は、その組合結成の手助けをしたからといって、停職処分にあったわけさ。父親は教師だったんだけど、その樽職人の生活をどうにかしたいと考えていたわけ。青年教師たちの運動さ。

桃原先生の父親の話を聞くのは初めてである。嘉手納のタルガーとかかわっての治安維持法による検挙事案は、資料的には確認できなかったが、桃原先生の気骨のある性格は、父親譲りであるのかと感じながら、さらに話を聞いた。戦時下からの話である。

桃原　私は昭和10年生まれ。3年生の頃までは学校に行っていたけど、勉強らしいことはあんまり覚えていない。4年生の時には沖縄戦で勉強していない。米軍は、4月1日には沖縄本島に上陸したでしょう。沖縄戦の始まりだからさ。家族で避難したさ。捕虜になって、戦後は、地元の小学校、中学校を卒業して、前原高校に通った。高校を卒業して、少し、基地内で働いたんだけど。6月から翌年の2月くらいまで、軍で。大学の受験もあったので、2月まで。大学に行くためにはお金が必要さ。貯めるために基地で働いた。でも、屈辱的なこともあったね。誓約書を書かされた。その内容はね、「私はアメリカ軍人にモノをねだったりしません」というようなもの。またある時、基地内の従業員、全員、集められて、下着以外、脱いで身体検査。ブラジャーの中に売り上げのアメリカドル(4)を隠し持っている者がいないか、それのチェックさ。あの頃のドルは相当な価値があったから。ウチナーンチュの中には、お金を隠し持っていた者もいたらしいから。

基地で働いた後、同級生よりも1年遅れて、首里にあった琉球大学に入学した。1955年の春のこと。大学を卒業して、最初の学校は、いまの具志川小学校。当時は、金武湾小中学校といって、小学校と中学校の併置校。1959年に採用された。そしたら、その年の6月30日、その日は、何が起こったか、知っている？　そう、宮森小学校にジェット機が墜落した日(5)さ。その日、職員が話しているのを聞いてね。チムワサワサーして。あの頃は、脱脂粉乳《だっしふんにゅう》のミルク給食(6)の時代でしょう。そのミルク給食の時に、嘉手納所属のジェット機が墜落炎上したんだよ。たくさんの子どもたちが亡くなって、ケガした子もたくさん。北谷にあるアメリカの軍病院に運び込まれていたりしてさ。その頃の教師は、車なんか持っていなかったから、宮森小学校にはなかなか行けなかったよ。だから、実際、どうなっていたかはわからないさ。人づてにしか聞けないさ。実際には見てないから。

その宮森のことで、ワジワジーしたことがある。当時の石川市の市長が、被害にあった子どもたちを軍病院に搬送したことで米軍にお礼を言う、みたいなことを言ったので、民衆が怒ってね。こっちは被害になっているもんだから、感謝とか、お礼とか言うのはおかしい、ということ。また、子どもの親は、亡くなった子どもを合同火葬にするというのにも、「2度も、子どもを焼き殺すのか！」ということで、問題になって。憤慨して、それは取りやめになったという話も聞いた。宮森だけではないよ。川崎にもジェット機が墜落(7)して、亡くなった人もいるから。川崎には住宅に落ちて、被害が出たね。

教師生活1年目の夏、桃原先生にとって忘れがたい出来事が、宮森小学校ジェット機墜落事件であった。整備不良の戦闘機が街なかの小学校に墜落して、多大な犠牲を出したこの事件は、戦後沖縄史における重大事件のひとつである。やがて、桃原先生の話は、1960年代の粗末な教室の状況と復帰運動の話に移っていく。

桃原　当時の教室は、非常にみすぼらしくて。ひとつの教室を間仕切りして2つの教室にしていくわけさ。そこに、子どもたちがぎゅうぎゅう詰めで授業。子どもはいっぱいいるのに、教室が全然足りない。本当に足りない。教材も教具もないわけ。だから、内地からの援助というか、日本政府の援助で、購入してもらって。日政援助っていうもの。でも、色々、やっぱり足りなかった。だから、教職員会の屋良朝苗《やらちょうびょう》(8)さんが、喜屋武真栄《きゃんしんえい》(9)さんと一緒に全国を回って、募金。全国行脚《あんぎゃ》。それで、理科の実験器具がそろったりして。図書もずいぶんと増えるようになった。でも、その頃は、学校の図書の司書は配置されていないから、担任が、空き時間や放課後は、図書室の世話をするみたいな感じで。私は、まだ、若かったから、図書室の担当になったりして。それは、とても忙しかった。図書の基本台帳は手書きだし、図書カードも作ったりして。いまは、バーコードなんかでコンピュータでしょう。あの頃は、全て手書きさ。時間がずいぶん、かかった。

図書の分類法とか、著作権のこととか、色々、勉強したけどね。そんな知識もないのに、講習とか受けたりして、勉強さ。難儀な仕事だったけど、国語が好きだったから、何となく図書室の係も担当しないといけないみたいな感じで。また、若かったし。

嘉納　私がコザの安慶田《あげだ》小学校に入学したのは、1970年だけど、学校の教室は間仕切りみたいなもので仕切られていました。学芸会の時には、それを外して、2つ、3つの教室をつなげましたね。ところで、1960年代に入ると、ベトナム戦争の反戦運動や復帰運動は、大きな盛り上がりをみせたんじゃないですか。

桃原　具志川小学校の次の学校は、川崎小学校。川崎に勤めている時は、ベトナム戦争が激化して、反戦運動が盛り上がって。事件事故も繰り返し起こって。米軍車両による事故や婦女子に対する暴行事件もあったから。軍用機の爆音も凄くてね。5分に1回は、爆音で授業は中断して、授業にならない。大きな声を出して授業をして。私は、元々、綺麗な声だったんだけどね（笑）、いまは、こんなになっているさ（笑）。川崎小学校の上空は、戦闘機の飛ぶルートになっていて、うるさかった。軍雇用員の首切り反対の運動もあって。川崎小学校の正門に面して、米軍施設があるわけ。その正門で、全軍労（全沖縄軍労働組合連合会）を支えるために、スクラムを組んで、米軍施設に対して反対運動。年休をとってね。天願小学校の時には、こんなこともあったよ。組合は自衛隊反対だから、自衛隊の子どもが学校に入学するのも反対。天願小学校の近くに自衛隊の宿舎みたいなものもあって、そこは、校区内なの。私は、子どもの教育を受ける権利は大切だと考えていたので、組合というか分会というか、その考えには賛同できなかったな。

60年代の後半になると、復帰運動は盛り上がったね。那覇の与儀公園によく行った。与儀公園は、いろんな集会の拠点みたいな感じ。旗をたなびかすために長い竹は必要でしょう。長い竹なので、バスに積むことはできないから、先にバスに乗った者が窓から手を出して、旗を受け取り、与儀公園まで支えて持っていたよ。

桃原先生は、立て続けに起こる米軍による犯罪や事件に怒り、復帰運動に傾倒する教職員会の中で共に運動を進めていく。復帰の年、桃原先生は、3校目のあげな小学校勤務であった。

嘉納　復帰の時に、私は小学校3年生だった。担任からは、復帰記念メダルをもらったけど、その後、担任から「メダルは返しなさい」と言われて、クラスの友達は担任に返した。また、ニコニコマークの入った筆箱や下敷きなどをもらって、復帰って、大きなお祝い事なんだなと感じていたけど、桃原先生は、あげな小学校ではどのように復帰を感じていたんですか。

桃原　復帰記念のメダルとか、筆箱とかの記憶は、全くないなあ。そんなの、子どもに配った覚えはないなあ。むしろ、復帰を境にして、日の丸・君が代の問題だね。復帰前は、日の丸の小旗を振るように学校では指導したし、日の丸を売るようなこともしたんだから。でも、そのあと、米軍からにらまれて。復帰運動は、するなということでしょう。米軍に抑え込められていたわけだから。復帰したら、天皇制につながるから、今度は、日の丸は掲げないという形になった。ただ、親には理解されにくいこともあって、自宅の門に日の丸を掲げるところもあったね。

復帰前は、西銘《にしめ》順治の「イモハダシ論(10)」もあってね。沖縄の保守の中には、いま、復帰したら、沖縄は貧しくて、芋を食べ、裸足になるよってね。復帰前は、本当にいろんな考えがあって。新川明の反復帰論もあったし。混沌としていて、民衆の中にも考えもいろいろあったし。あーでもない、こーでもない、と。でも、復帰したら、天皇制の考えも強くなってきたんじゃないの。だから、日の丸と君が代の強制があって、学校現場は混乱。

嘉納　政治家の中にも、右とか左とかの色分けがはっきりしてきたし。
私は平成元年度に採用されたけど、卒業式や入学式前になると、職員会議は、日の丸掲揚と君が代斉唱のことで、もめたね。私は初任者だったから、ある先輩に、「あんたは、初任者だから管理職や教育委員会ににらまれないように、式の時には起立した方がいいよ」なんて、忠告もされましたよ。ある日の職員会議の時、30代の女性教師が、校長に対して、「私たちは、校長先生らが若い時の復帰運動から学んで教師になりました。その教えの通りに運動をしてきたんですが、それが間違っているとでも言うのですか」と言って、校長は、困っていましたね。桃原先生は、日の丸、君が代のことで印象に残っていることは、何ですか。

桃原　1995（平成7）年3月に天願小学校を退職して、翌年の卒業式を見に行ったわけさ。そしたら、日の丸は掲揚されているし、君が代斉唱の時は、私と、ある男の先生だけが起立せず着席したまま。その先生は現職。現職の教師で一人だけ着席。他は、みんな起立。私は、退職していたから一般席で座ったまま。君が代斉唱の時のあの風景は忘れられないね。

嘉納　復帰後、主任制闘争(11)もあったでしょう。その辺の話も聞かせて下さい。

桃原　主任制ね。ずいぶんもめた。組合の方針としては、主任手当は受け取らないということ。主任手当を拠出して、沖縄県の教育委員会に返すということを方針としていたんだが、私は、その方針には賛成しなかった。主任手当を拠出しなかった。主任手当を別な方法で活用するのならわかるが、ただ、県に返すという考えに賛同できなかったね。高教組（現在の沖縄県高等学校障害児学校教職員組合）は、やんばるの自然保護で活用するということだったんで、そんな活用方法が沖教組（沖縄県教職員組合）にあったら賛成したけどね。

ある時、休憩室で分会の集まりがあって参加した。そしたら、分会長に、「主任手当の拠出については、組合で組織決定したんだから、従って欲しい。他の人は出しているのに、桃原先生だけ、出さないのは問題でしょう」と言われて、つるし上げにあった。だけど、私は、折れなかった。だって、その主任手当の拠出っておかしいでしょう。私は、手当を有効に使うならわかるので、別に手当分だけ貯めていて、その有効な方法が決まったら、拠出するつもりでいたね。そんなことを分会で話した。

その分会長も、その後しばらくしたら、校長になってね。人って変わるね。校長になったら、担任が授業をきちんと授業をしているのか、週案のチェックをするようになったらしくてね。恥ずかしいね。管理職になったら人って変わるよ。ところで、その主任手当、

嘉納　その後、どうなったの？

主任手当については、以前、まとまった論文を書いていて。例えば、那覇地区の教職員組合は、平和の絵本やフィルムなどを購入して、学校現場で活用を図るなどをしていたら

しいですね。

桃原 日の丸・君が代といい、主任制といい、国からの弾圧に対してどれだけ職員が抵抗できるかだな。いまの時代は、なかなか、難しいのじゃないの。他の人の目が気になるし、同調するというか、横並びの考えが強くなっているから。これって日本人の体質じゃないの？ 教師も日本人だから、同じ体質で、大きな圧力が来たら抵抗しないで、体を張らないで、そのまま呑《の》まれるんじゃないの。

嘉納 教職員会でリーダーシップを発揮した屋良朝苗さんについては、桃原先生はどのような印象を持っているのでしょうか。

桃原 屋良さんは、人格者という評価があるね。先生の批判をする人は、ほとんどいないね。いや、少しはいたね。組合の中にも、屋良さんに対してごく一部だけれども、陰口を言う者はいたな。でもやっぱり、屋良さんは米軍との対立ではその力を発揮したと思うのだけれども、復帰後のＣＴＳ問題(12)については大変だったらしいね。ＣＴＳ問題は、巨大資本との闘いであって、これまでの米軍との闘い方とは違っているでしょう。闘争の仕方というか、闘い方がわからなかったと思うよ。本土では国鉄（日本国有鉄道）の闘争だとか、総評（日本労働組合総評議会）のリーダーシップというか、労働運動の旗振り役がしっかり役割をこなしていたと思うのだけれども。沖縄では、本当の意味でリーダーシップを取れる人がいなかったのではないかなとも感じるね。私は、ＣＴＳの頃、子育て真っただ中だったので、この問題にはかかわっていないよ。

ちょっと話は違うけど、復帰前は教職員会で、復帰後は教職員組合さ。やっぱり、組織的には違ってきたかな。教職員会時代は、管理職も入っていて、沖縄の教職員のまとまりを感じていたけれど、復帰後、組合に移行すると、管理職は入らない。また、復帰したから、本土からいろんな人が来て、組合にも入ってきたわけさ。過激派の学生だった人も入ってきたしね。だから、組合活動や方針も、そうした本土から来た人たちの影響を受けて、それで、組合の路線問題とか、いろいろもめることにもなったと思うよ。

嘉納　復帰前と復帰後の教育では、何が大きく変わったのでしょうか。

桃原　復帰前と復帰後の教育がどんなふうに変わったのかの前に、戦前と戦後の教育の変わりようからだね。戦前は、やっぱり、公を大切にしていたし、戦後は、私、個人だな。戦前の公は、天皇制と結びついて、学校では皇民化教育でしょう。公が私、個人よりも上にあったわけさ。戦前は、個というものがないさ。私たちが受けた戦前の教育は、「すべてお国のため」、「兵隊さんのおかげ」だったわけ。ご飯食べる時も、「兵隊さんのおかげで頂くことができる」という考え。男と女の違いもあったし。戦前は、男が赤い服を着るのは考えられなかったんだから。帽子も、男は前につばがあって、女の帽子は、丸くてつばのあるもの。いま、体育の帽子は、男子も女子も同じものでしょう。発表会なんかのダンスも、女子がやるものと決まっていた。戦争が終わって、学校でダンスをすることになって、男子にさせようとしたら反対されて。「ダンスは、女がやるもの」と言ってきかない。男子には、ガーって言って、させたけど。戦前は、お国のためにするものだったが、戦争が終わると、個人を大切にするようになったね。民主主義と結びついて。

高校生の時は、社会科の授業で民主主義というものを初めて勉強した。ある教師は分厚い教科書を持ってね。でも、戦前、軍国主義教育を教えていただろう教師が、戦後は、「我こそは民主主義の第一人者」と言わんばかりに大手を振ってやっていたね。手のひらを返すように。文学者の中にも結構そんな人がいたな。戦争に負けて、世の中が変わると、人も世の流れに合わせて変わるね。

復帰前について話をすると、何やかんやあったけど、教職員会を中心に、一応、教師集団のまとまりはあったと思うよ。沖縄の復帰が目的だったからね。その目的に向かって、とりあえずはまとまっていたんじゃないかな。でも、復帰したら、目的は達成して、いろんな考えが出てきて。国もいろいろ強行してきたでしょうから。

嘉納　退職してずいぶんと経っていますが、いまの教育に大切なこと、教師にとって大切なことは何でしょうか。いまの教師やこれから教師を目指す若い者に対してメッセージ的にで

桃原　も宜しいので。

教師は、子どもの幸せを第一に考える必要があるね。それが一番大切だよ。子どもの幸せのために何ができるか、どんなことができるか、だね。いま、沖縄の子どもの貧困問題が深刻でしょう。教師たる者はね、一番これを頭において、子どもの貧困問題を解決するために、何をどのようにすればよいのかを考える必要があるよ。

私が教えた子どもの中にね、親がいなくて祖母が世話しているわけ。一年中、同じ服。そんなことって考えられる？　また沖縄では、いま、高校進学もかなり高くなっているけど、60％とか、70％とかもあったわけさ。高校も少なくて、高校浪人も多かった。高校に行けなかった人は、本土に就職したりして、「金の卵」とか言われていたけど。方言しか話せない子が、内地で生活できる？　教え子にも内地に行った子がいたんだけど、言葉の問題は大きかったたね。でも、内地で頑張って一人前になって帰ってきたさ。「お母さんもおばあちゃんも、僕が支えないと生活できないから」と言ってね。

ある子は、電車の乗り方も知らない、地理もちゃんとわからない。そんな子が内地で就職。集団就職でも大きな会社だったらいいさ、この子の場合、米屋とか牛乳配達とか、ほんとに小さな店だったからね。心細かったと思うよ。地理感覚もわからないのに、牛乳なんか配達できないよ。高校に行けなくてちゃんとした仕事がない。それであるお母さんが、涙を流さんばかりに「先生、この子のために仕事ありませんか？」というもんだから、返答のしようがなくて、苦しくてね。だから、教師は、子どもの幸せのために何ができるか考えていくことが大切だと思う。

戦前の皇民化教育を受け、戦後は民主主義を学んだ桃原先生は、小学校の教師として沖縄の戦後史と重ね合わせながら教職生活を送ってきた。米軍や米軍基地と対峙してきた沖縄の教師であるが、常に脳裏にあるのは、子どもの幸せであり、子どもの教育の権利をどのように実現するのか、ということであったのではないか。また、確固たる持論を内に秘め、自身が納得しないと行動に移さないという信念のある教師でもあった。かつて、主任制についてまとめたことがあったが、組合の方針である主任手当の拠出も100％ではなかったその理由の一端も理解することができた。

(1) 平地から山地に生息する蛇である。毒は無い。鳥類、爬虫類、カエル、魚類などを食べる。
(2) 女性が移動する際に自家用車で送り迎えをする、女性にとっては都合の良い男性を指していう俗称である。バブル期に出現したといわれる。
(3) 戦前の産業にはタルガー（樽皮）製造があった。樽皮とは黒糖を本土に出荷するときに詰める容器のことである。那覇、泡瀬、与那原、宮古、糸満、本部と並んで嘉手納でも製造されていた。

(4) 当時、沖縄で流通していたのはアメリカ軍発行のB円である。B円は、１９４５（昭和20）年から１９５８（昭和33）年９月まで米軍占領下の沖縄等で通貨として流通し、その後、ドルへと通貨が切り替えられた。米兵は基地内ではドルを使用した。

(5) １９５９（昭和34）年６月30日に米軍統治下の沖縄・石川市（現うるま市）で起こった空軍機による航空事故。ミルク給食の時間に発生。児童を含む住民17名の死者（のちに１人死亡）、重軽傷多数の被害であった。

(6) 戦後しばらく牛乳の代替として学校給食に提供された。

(7) １９６１（昭和36）年、旧具志川村川崎（現うるま市川崎）に米軍機が墜落し、死者２人と重軽傷者７人を出した事故（詳細は、嘉納英明「基地被害と子どもの人権」うるま市具志川市史編さん委員会編『具志川市史』第６巻、教育編、所収）。

(8) 屋良朝苗（やら ちょうびょう　１９０２年〜１９９７年）、読谷村出身。沖縄教職員会の会長、公選主席、沖縄県知事を務めた。

(9) 喜屋武真栄（きゃん しんえい　１９１２年〜１９９７年）、北中城村出身。屋良朝苗と共に「祖国復帰」運動の先頭に立った。復帰後は参議院議員を務め、沖縄の革新統一運動の象徴的存在だった。

(10) イモハダシ論は、１９６８（昭和43）年の主席公選で、保守陣営・西銘順治候補の持論。米軍基地撤去、即時無条件返還を掲げた革新統一候補の屋良朝苗が勝利すると、昔のようにイモを食い、はだしの生活に戻ると強調した内容であった。

(11) 学校の運営や教育活動が円滑かつ効果的に展開されるために導入された校内組織運営の制度のことである。校長、教頭のもとに、教務主任、教科主任、学年主任、体育主任等がある。主任は、一日につき２００円の手当が支給される（月額４，０００円程度）。沖縄県教職員組合は、学校経営の管理統制につながるものとして反対し、給与の一部として支給された主任手当額を拠出する運動を進めた（詳細は、嘉納英明「復帰後沖縄における学校管理規則の改正と主任制導入問題―那覇市における主任制導入問題に焦点をあてて―」琉球大学教育学部移動大学研究会／水野益継監修『Recurrent Education―移動大学の活眼と郷学講義録23稿―』２００２年、所収）。

(12) アメリカの石油会社ガルフ社の石油備蓄基地（CTS:Central Terminal Station）建設をめぐる問題。海域の埋め立てや原油の流出などの公害問題が深刻化し、ＣＴＳ建設反対運動が激化した。

３．教科書から「政治」と「教育」の関係を学んだ―寺田光枝―

２０１８年頃から、沖縄の教師からの聞き取りを始めた。県外出身者や異業種を経験してきた教師、長いこと臨時を続けてきた教師などである。今回、やんばる（沖縄本島北部地区）の教師からもお話を聞きたいと考え、沖縄県教職員組合国頭《くにがみ》支部にご相談した。

紹介して頂いた寺田光枝先生は、復帰の前年の１９７１（昭和46）年４月、国頭村の安波《あは》小学校に採用され、２００９（平成21）年３月、大宜味《おおぎみ》村の喜如嘉《きじょか》小学校で退職した。教科の中でも特に国語に関心を持って実践されてきた方である。教職生活は、38年に及ぶ。寺田先生からは、教師として採用された当時の状況から、国頭管内の学校での印象に残る出来事、教職生活を続けるなかで、「政治」意識が芽生えはじめたこと、そして、組合員としての立場から沖縄の学校について語って頂いた（２０２３年９月６日、於：名桜大学の研究室）。

〈寺田光枝の学校勤務歴〉

１９７１年４月／安波小中学校（採用）→久辺《くべ》小学校→金武《きん》小学校→名護小学校→高江《たかえ》小学校→辺土名《へんとな》小学校→湧川《わくがわ》小学校→三原《みはら》小学校→上本部《かみもとぶ》小学校→２００９年３月／喜如嘉小学校（退職）

嘉納　寺田先生は、復帰の前年に採用されたんですね。

寺田　1971年の4月から国頭村の安波小学校に採用されましたね。3年生のクラス。子どもは12、13名程度かな。私は大宜味村で生まれて、東村の高江小学校で1、2年出て、3年生から中1まで奥小中学校、中2と中3は北国小中学校。高校は、辺土名高校。高校を卒業して首里の琉大に入学。教育学部の初等教育科。知り合いの子もいて、やんばるの人が作ったひとつの家に4人で住んで、儀保十字路の所。そこから大学に歩いて行ってました。親が「女性も自立しないといけないよ。ちゃんとした仕事につかないといけないよ。大学を出すのは、親からの財産分与だよ。大学までは出す」と、いつも言われましたね。

安波の学校に採用されたんだけど、本当は、那覇の学校に行きたかった。町の学校。ずっと田舎育ちだったもんだから、町の学校がいいなと。採用試験に合格して、希望の地区は、那覇を書いたわけ。那覇地区に大東島も含まれているから、最初、大東の学校に採用されても、次は、那覇の学校に行けると考えて、打算でね。そうしたら、母親に、「あんたは親の死に目にも会わないつもりか。希望、変えて来なさい」と怒られて。翌日、バスに乗って、教育委員会に行って、変えたんです。変更が通ったんでしょうね。安波に決まって。

安波に採用されたら、突然、青年会長が来てね、「先生、足のサイズを教えて下さい」「スパイクを買う」と言うんですね。「先生たちは村陸上の選手だから」と言うので。国頭村主催の陸上大会。字対抗。国頭村の中で安波と安田《あだ》が盛んで、ライバルだった。でも、私は、スパイクは自分で持っている。大学は卓球をしていたけど、高校までは陸上だったから。時間になったら、青年会が来て、一緒に運動場で練習。安波は、小中学校だったから、中学校の先生も一緒に陸上の練習。あの頃の安波の学校と地域の関係は、深かったね。

嘉納　復帰の前後ですから、学校の組合の分会の活動も盛んだったのではないですか。

寺田　その頃の分会は、ほとんどの教師は、全員、入っていましたね。いつ、組合に入ったのか覚えていないですね。復帰前の平和行進だとか、那覇の与儀公園での集会には、安波から車に分乗して行きましたね。道路もいまみたいに整備されていないわけだから、時間がかかった。一日かけて行くわけだけど、若い連中も行くわけだから、ワイワイして行って、楽しかった。

一番記憶に残っているのは、５・15。自分たちが望んだ復帰ではない、ということで与儀公園での集会。どしゃぶりの中で。あの時の映像がＮＨＫで出ていて、20年ぐらい前の放送で、私たちがアップで出ていて。選挙運動なんかも活発でしたね。安波という所は保守地盤で、安田は革新で。選挙になると、安波では、先生たちと口をきかないと。教職員は革新、組合でしょう。車のタイヤがパンクさせられたこともあったらしいね。普段は、陸上なんかでいいけど、選挙になると緊張関係になって。ただ、さっきの青年会長は、元々

嘉納　安波の人で、内地から帰ってきて青年会。地域と学校は協力しないといけないよということで、彼が、仲を取り持つようなこともあって。それで、若い教師と青年会が一緒になって、公民館でギター教室とかしましたね。少し変わってきたきっかけだったかな。

寺田　復帰記念メダル(1)のことは覚えていますか。

嘉納　覚えてますよ。子どもに配ったと思いますよ。私は、いまも持っていますよ。ニコニコの筆箱(2)もありましたね。持ち上がりの学年で4年生の担任でした。その前は、3年生。

寺田　安波小学校の次は、久辺小学校ですね。

嘉納　安波には、1971年から73年までの3年間で、次は、久辺小学校。辺野古《へのこ》の基地が校区にあったので、子どもは荒れていましたね。辺野古の場合は、教師を敵視している感じがしましたね。子どもも、教師のことをあまり聞かない感じでした。PTAバレーボール大会なんかでは、教職員と地域が一緒に頑張ったりしていたわけだけど。卒業した子どもたちが、時々、小学校に遊びに来たりして、おしゃべりしたりするんだけど、中学校はさらに荒れているな、と感じましたね。

寺田　久辺小学校では基地と隣り合わせだったわけですね。

嘉納　授業中に、演習場の方でキノコ雲が上がるんですよ。不発弾処理なのかね。これは地域でも問題になって。新聞でも報道されて。その頃、私は、久志《くし》に住んでいたんですよ。家の蛍光灯が振動で落ちたこともあった。夜、照明弾が上がって。ダッダンダンという射撃の音がするんです。家が国道沿いにあったんだけど、夜、戦車が通るんですよ。すごい地響きでね。睡眠が中断されますし。行軍訓練とかも多かった。ベトナム戦争の終わり頃じゃないですかね。子どもたちも荒れていたということもあって、結局、名護に引っ越ししましたね。こっちでは、子育て出来ないな、と考えて。久志の家は、新築だったんだけど、親に譲って、私たち家族は名護でアパート暮らし。辺野古の歓楽街は、いまは寂れているけど、あの頃は、米兵もそこに遊びに行ったりして。ベトナム戦争はまだ続いていたしね。

嘉納　主任制の闘争(3)の時は、どこの学校でしたか。

寺田　金武小学校の時ですね。金武小には、１９７９年に赴任しました。主任制について言うと、久辺小の時から主任制闘争が始まっていたかな。自分が主任制闘争を意識したのは、金武小に行ってからで、校長と対立しましたね。金武小は、４クラスあったので、大きな学校でした。分会は強かった。ただ、金武小の教務主任が、校長と組合の板挟みにあって、辞めてしまったことがあって、ショックでしたね。その教務は、組合員であったかどうかはわからないけど。

嘉納　寺田先生、そもそも、主任制とは何だったんでしょうかね。

寺田　いままでも、教務主任とか学年主任、体育主任とか、各分掌上は、あったんですよ。校務分掌上ね。それを、法的に、校長、教頭の下に主任を置いて、さらに手当を出す。中間管理職として、職員を管理させるという感じで。それに対して、そんなの必要ないでしょう、話し合いをして民主的にやってきたのに、ということで主任制には反対。主任を置くことで、上からの伝達がそのまま下にいくということで反対。沖教組の方針でもあったわけね。職員会議で主任の任命拒否を表明して、校長と対立。その中で、さっきの教務主任は板挟みにあって辞めて。手当の拠出運動もあったけど、私は、若くて主任でも何でもなかったので、詳しいことはわからないな。拠出していたと思うのだけれども。

嘉納　教育運動とか、政治活動とかにふれるきっかけというものは、いつ頃からでしょうか。教師になってからですか。

寺田　私は、中学時代、復帰運動にふれてましたね。中学は、北国小中学校で、辺戸岬の近くでしょう。岬で焚火をたいたりしている。4月28日(4)には、岬で焚火。海上では、漁船で集会。与論島からも来て、そんなことを見ていて。なんだろうな、と思って。教師からは教えられた記憶はないですね。高校3年生の時に、教公二法《きょうこう》(5)の問題があって。1966年ですね。選挙の時に、公務員とか教師が選挙活動をするので、公務員や教師の政治活動を禁止する法律が教公二法。これの成立を止めたことで、公選主席につながるわけ。高校の政治経済の先生が、教公二法の闘いのために、那覇の立法院まで行って、翌日、授業で熱っぽく語るんですよ。そういう闘争があるんだなと思って、それで、大人になって、主任制とか君が代、日の丸の問題とかにつながっているのがわかるわけね。高校時代には、政治的な意識は高まっていたけど、大学に入ったら、卓球。ノンポリ。でも、復帰運動とか、９・21の国際平和デーとかには、行っていました。学生運動の中でね。どちらかというと熱心ではなかった。政治的なことに関心をもったのは、教師になってからが強いね。特に、教科書問題からですね。

嘉納　教科書問題というのは、ずいぶん、あとの話ですよね。

寺田　そうですね。名護小の時には官制研修が出てきて、初任研の試行段階かな。その頃から若い先生方が変わってきた感じ、組合には入らないしね。教育委員会も変わってきたな。私は、教職に就いて、国頭支部の教研に入っていたんですよ。国語ね。そして、教育事務所からの委嘱で、教育課程の研究があるでしょう。２つを兼ねていたんですよ。だいたい、教研集会での教科部会の教師が、教育事務所の教育課程の研究もするというのがよくあった。その頃、教科書問題も出てきて。教材分析は大切だし、組合の視点で分析は大切。仲間と頑張って勉強したな。教育課程の研究は１期２年で、２期やっていたんだけど、いよいよ、教育事務所から「寺田さん、そろそろ、後輩に譲ってはどうでしょうか」と言われて。「私たちにやって欲しくないんでしょう、はっきり言って」と事務所に言って。

教研集会も平日にやっていたんですよね。学校は、休校にしてあちこちから先生方が集まるわけ。公開の授業もあって、その場合は、その授業をする子どもたちは学校に来るわけね。授業研というけど。全体会、分科会もある。だけど、初任研が出てきてから、徐々に、教研集会が平日に持てなくなって、週末の土日になった。

教育事務所からの委嘱で教育課程研究をしている時に、国語の教科書の採択委員をしたんですね。各社の教科書を比べて、選定するわけね。国頭地区はM出版を採択した。前年とほとんど変わらないという認識だった。ところが、授業で実際に使ってみると、妙に違っていた。例えば、田中正造とか、コラムとかあるけど、書かれている内容が微妙に違っているわけ。コラムの内容も、社会問題とかを扱うものはなくなって、日常的なものになっている。そこで、教科書をさかのぼって集めて、そして比べてみると、明らかに違っている。作文教材の題材に、公害とか、戦争とか、社会問題、そういう題材がなくなって、日常生活の題材に変わっている。いまの若い人が社会問題に関心を持たなくなった理由は、ここじゃないかと思っている。教科書がこんなに変わるのは、国の審議会とか、学習指導要領とかであるし、やっぱり、政治によって変わるんだということに気づいて、それで、政治活動、組合活動に力を入れていくようになった。名護小、高江小で教科書問題に関心をもって、組合の役員をするようになったね。女性部長、国頭支部の副部長とかしました。辺野古基地問題が始まった時には、住民投票のために本当に寝ずにやりました。

ただ、段々、分会のメンバーが少なくなってきたので、オルグ活動[6]とかもしましたね。

高江小学校の次は、辺土名小学校に異動したんだけど、教科書の問題などは、母親と女教師の会でも取り上げましたね。私のクラスのお母さん方の家でも集まって、勉強会などもしましたね。

嘉納　ほかに、辺土名小の時代に、印象に残った出来事って何でしょうか。

寺田　私は、ずっと高学年を持っていたので、1年生を持ちたくて、校長に希望して。それで、1年生を持つことができた。この子どもたちが面白くてね。この子どもたちに、私、ストライキされたんですよ（笑）。このストライキというのがね、2時間目の体育を終えて、職員室でお茶を飲んで、教室に向かったら、子どもたちが腕組みして険しい顔して。「ストライキ、ストライキ」と言うわけ。「ストライク」と言う子もいたけど（笑）。面白くて、おもわずニヤニヤしてしまった。子どもにストライキって何？って聞くと、「社長に給料を上げて、と言ってあげない時に、ストライキする」って言ってね。へ～、すごいね、ストライキの意味、ちゃんと知っているねって。でも、ここでは給料とか関係ないのに、どうしてストライキなの？って聞くと、「先生は、約束を破ったさ。授業しないよ。ストライキ」「先生は、2時間目の体育の時にトランポリンをするって言ったけど、しなかったからストライキ」。すごいね、あんたたち。こんなことも考えて、と。

私は、トランポリンが出来なかった理由を説明はしたのよ。全体朝会の時に、体育館のすみっこにトランポリンが出されていて、子どもたちがトランポリンしたいと言ったわけさ。でも、授業があるから、体育の授業の時にするからね、となだめて教室に戻った。2時間目の体育で体育館に行くと、そのトランポリンが片付けられていたわけ。1年生が出すことができないので、ごめん、片付けられているからできないから、次の体育の時間に6年生にお願いして出してもらって、トランポリンしようねって言ったけど、私が6年生にお願いするのを忘れていたわけですよ。先生が悪かった、って。次は、絶対、忘れないからと言ったけど、このストライキですよ。

子どもには、だけどさ、ストライキのあとに何をするかわかる?って聞いて。それ知っている?って聞くとキョトンとしている。ストライキしている人と社長が交渉というものがあるわけ。給料を上げるための話し合いをするんだよ、ストライキばかりしてもトランポリンはいつになってもできないよ、どうしたらトランポリンができるか、先生と交渉する?って聞くと、「やる」というもんだから、1年生と交渉。ということで、話し合って、明日の2時間目にトランポリンをしようね、と決まりかけたら、ストライキの中心になっている子が、「ちゃんと6年生にトランポリンを出すように休み時間にお願いしてて」と念を押された。すごいよね。で、交渉がまとまった。
そのあとの授業は、盛り上がったこと、盛り上がったこと。すごいノリでね。最初で最後ですね、子どもにストライキをされたのは。でも、ストライキっていう言葉はどこから習ったの？と聞くと、「ウォーリーを探せ」で知ったようですね。

嘉納　1年生がストライキをして、先生と交渉するなんて驚きですね。子どもたちも、困ったときや難しいときには交渉とか、話し合いの持つ大切な意味を教室の中で学びとったわけですね。その学びの興奮が、次の授業で「盛り上がった」ことにつながったんでしょうね。
さて、また組合活動の話に戻りますが、寺田先生が組合を通して学んだこととは、他にどのようなことがあるのでしょうか。

寺田　私が教育研究集会で学んだことは、「良い教師」と「悪い教師」のこと。「良い教師」とは、正しいことをわかりやすく丁寧に教える教師のこと。「悪い教師」は、間違ったことをわかりやすく丁寧に教える教師のこと。つまり、わかりやすく丁寧に教える部分は同じ。だけど、「正しいこと」、「間違っている」、この部分が違うわけね。一生懸命教えていても、「間違ったこと」を教えていたら、「悪い教師」になるわけ。それが戦前の教師だったんだと思う。だから、教育をするときに、子どもの前に立つ時に、何が正しいのか、何が間違いなのかを見極めることがとても大切。そこの判断をしっかりすることが大切。上から言われたことをそのままするのではなく、自分の頭でしっかり考えて判断することがとても大切になってくると思う。自分で調べて勉強してというのが必要。その力を持つことが教師には必要で、教材研究の大切さがあるわけね。教材だけではなく、社会状況とか政治のこととかについてもしっかり見つめて、見極めること。私は、これを教育研究集会で教えられたんですよ。それをずっと自分の中に置いていますね。それが私の教師生活。

嘉納　私が小学校の教師として採用されたのが平成元年でした。その頃、週案(7)の提出をめぐって先輩教師と校長が職員会議で議論していました。事前に、週案を校長に提出しないといけないというのは、教育課程の管理強化ではないかというのが組合の主張でした。寺田先生の現役時代は、どのような状況でしたか。

寺田　教科書問題が私の意識に入ってきた頃、辺土名小と湧川小では、週案提出をめぐって議論していました。週案提出拒否運動。週案提出をなぜ拒否しているかというと、やっぱり、国の教育課程審議会の政治的な考えがそのまま学習指導要領に入って、その指導要領に従って学校の教育課程が編成させられる。その編成させられたものを使って週案を書くという流れになって。日の丸・君が代についても行事の中できちんと取り扱っていないと教育委員会は認めないわけね。「これ、入れなさい」と。道徳の授業でも、教えるべき項目が入っていないとダメだし、認めなくなっている。特に、道徳、特別活動については厳しかった。

週案は、指導要領が徹底されているかどうかをみるためのもの。校長や教頭は、週案を通して教師との交流だと言っていても、本質は違う。だから、週案提出拒否。週案を提出していない私は、ブラックリストに載っていた。校長から教育委員会へ報告。卒業式の日の丸、君が代の時に起立したかどうかもチェック。私は、座ったままだったから、ブラックリスト。私は、地元の喜如嘉小学校で退職したんだけど、その時も、座ったまま。退職の時の卒業式は立ったまま司会もしてたんだけど、日の丸、君が代の時は、逆に座った。

辺土名小から湧川小に異動した時に、真っ先に校長に呼ばれるわけですよ。「週案、提出していないけど、どうしてなのか?」と聞かれて、いまのような説明をするわけですよ。湧川での最初の校長は、那覇から来ている校長で、かつては那覇支部の組合員だったわけね。その校長は、「わかった。よくわかる。いいよ」と。教頭は、校長と立場が違っていて、管理的で。「僕は校長の言う通りだから」と言って何も言わなかった。翌年、校長が変わった。そうしたら、その教頭は、「僕は、これからは180度変わるからね」と言って、かなり管理的。新しい校長に、「なぜ、提出しないのか?」と聞かれ、毎週、校長室に呼ばれて。精神的にまいるわけですよ。職員会議の時に、教頭が「うちの学校には週案も書けない。能力のない教師がいる」という発言をしたんですね。「教頭先生、いまのは私のことですよね。いまのは名誉棄損になりますよ。取り消してください」と言ったけど、取り消さなかったんですよ。黙ったままで。そしたら、翌週から、全員、週案提出を拒否したんですね。校長と教頭はびっくりして。毎週出していた人も出さなくて。校長は、一人ひとり、校長室に呼んで。ある先輩教師は、「なんで、あんな発言をするんですか?」って。「寺田先生の実践をみてたら、能力がないとか言えないのじゃないですか」って。「週案を出さないからって、あんな言い方はないです」と。先輩方は、校長に呼ばれた時にそういう風に言ったようです。事前に、私と相談したわけではないんですが。そのことがあって、校長や教頭からの風当たりは、だいぶ弱くなりましたね。

仲間と連携するとか、一緒にやるとかが、いま、弱くなっているから、管理者や保護者とのトラブルがあったりすると精神的にダメージが来るのかな。若い人たちの言動が気になったのが、特に、初任研が始まってからかな。例えば、学校行事に運動会とかあるでしょう。それぞれ何をするか役割分担があるのだけれど、若い先生が自分の役割、分担が終わったら、さっさと自分の教室に向かうわけね。先に分担が終わったら、他の人の手伝いをするとか、そんなことが見られなかったもんだから、あれっと思った。私たちの感覚では、他の人の手伝いをするのが当たり前なんだけど。

1970年代頃だと思うけど、自民党が「国を変えるには教師を変えるのが一番早い」と言って、教師を変えるという政策がどんどん出てきたわけね。本当にその通りに進んでいるなあ。教師が考える余裕をなくして、上から言われたことしかできない教師になっているなあと感じている。

嘉納　父母とか保護者との関係で、特に、記憶に残っていることはありますか。

寺田　不登校の子がいて、3年生から不登校が始まっていて。当時の校長は「不登校は学校の問題じゃないよ。親子の問題だよ。学校は関係ないから」と。校長にそんなことを言われたもんだから、親は孤立するし。担任は保護者と連携して何とか学校に来てもらえるようにしているんだけれども、校長は、「そんなことは勤務時間外でしなさい」と言うもんだから、非常に憤《いきどお》りを感じましたね。この子は、ずっと不登校で、私はこの子が6年生の時に担任したわけ。その時に赴任してきた校長がいい方でね。校長に、「不登校の子どもがいるので、教科書を自宅に届けてきます」と言うと、校長は「こんな子がいるのか、聞いてなかった」と言ってね。引継ぎがなかったということで、直ぐ、教育委員会に行って情報収集したんです。そして、村の相談員、養護教諭、担任、旧担任、管理職も交えて話し合いを持った。その後も話し合いは継続的に持たれた。琉球病院のスーパーアドバイザーの勉強会にも参加したりして、この子の指導の在り方をみんなで考えましたね。

毎週、水曜日には、この子の自宅に行って、お母さんとおしゃべり。子どもにはお手紙を書いてね。子どもとは会えなかったけど、お母さんからは子どもの様子を聞いたりして。

ある時、校長に、「子どもとは会えなかった、何の変化もみられないけど…」とぼやくと、「自宅に行って、お母さんが学校は自分たちのことを見捨てていないなということを感じてもらえるだけでもいいんだよ。そのうち、変わるから」ってね。ほんとにいい校長でした。

この子、昼間は学校に来れないけど、放課後は、同級生と遊べるんですよ。校長が声をかけたりしてね。修学旅行にはお母さんと一緒に参加したけど、旅行後は、学校には来れない。卒業前の卒業遠足にもお母さんと一緒に行ったけど、卒業式は参加できなかった。校長室で卒業式をしたんです。だけど中学校の入学式には出て、ちゃんと学校に行くようになりましたね。友達の誘いもあってね。朝の会だけ行くとか、1時間目だけ行くとか、そんなことをしながら学校に慣れ始めて。

この子の学校に行けない理由は、給食の臭いが嫌ということで不登校だったらしい。それで、家から弁当を持たせて、別な部屋で教科担任の先生と食べて。中学校の担任や校長の温かい目で見ていたので、子どもが徐々に学校になじんでいけるようになりましたね。湧川小では、職員のチームワークの大切さを教えられましたね。

寺田先生は、1972年の沖縄の日本復帰の前年に小学校の教師として採用され、復帰後の激動の教育界を走り抜けた。主任制闘争は先鋭化し、学校現場の管理職と組合は激しくぶつかった。

教科書問題は全国的な問題となり、裁判闘争を繰り広げた。家永教科書裁判である。あれほど、学校では週案の提出をめぐって対立があったが、いまでは教師の通常の業務のひとつになっている感がある。私（嘉納）が小学校教師として在職していた時、週案の提出を求めた校長は、「教育課程の管理と授業の実施による子どもの学力向上」を説明した。さて、最近、私の勤務先の大学の卒業生で、福岡市で小学校の教師になった者と会ったが、週案の提出は全くない、という。週案の提出強要は、沖縄ならではのことであったのだろうか。

(1) 沖縄の日本復帰を記念して発行された銅メダル。県下の子どもに配布されたが、学校（担任）によっては回収されたところもある。県民の即時無条件全面返還の要望等が日本政府に受け入れられなかったため、反対意思を表明するためのメダル回収であった。

(2) 沖縄の日本復帰を祝して、県下の小学校の子どもに、ニコニコマークの筆箱や下敷きなどの文房具用品が支給された。

(3) 学校の教育活動が円滑に展開されるために導入された校内組織運営の制度をめぐる文部省と日教組の闘争のことである。文部省は主任制度の導入を進め、日教組は新たな管理強化につながるとして全国規模で闘争を展開した。１９７５（昭和50）年に学校教育法施行規則の一部改正によって、主任は制度化された。主任には、日額２００円の手当が支給されるが、沖教組は、主任制度導入反対の一環として手当の拠出運動を展開した。詳細は、嘉納英明「復帰後沖縄における学校管理規則の改正と主任制導入問題─那覇市における主任制導入問題に焦点をあてて─」（琉球大学教育学部移動大学研究会／水野益継監修『Recurrent Education ─移動大学の活眼と郷学講義録23稿─』２００２年、所収）。

(4) 1952（昭和27）年4月28日、講和条約が発効し、沖縄の施政権は日本本土から切り離された。復帰協議会はこの日を〝4・28沖縄デー〟とよび、毎年、復帰要求大会を開くとともに、北部海上の沖縄と与論島間の北緯27度線上で海上集会を持ち、本土代表と闘いの連帯を示した。

(5) 「地方教育区公務員法」と「教育公務員特例法」の二法案を指す。1967（昭和42）年、教公二法は、教職員の政治行為の制限、争議行為の禁止、勤務評定の導入が盛られていたため、沖縄教職員会が反対闘争を繰り広げた。教職員会は祖国復帰運動、自治権拡大運動の中心となっていたため、これを抑え込むための法案として準備された。教職員会や住民の強い抵抗にあい、廃案となった。

(6) オーガナイズ（組織する）の略語のことである。組合の執行部が組織の強化のために指導したり、未組織労働者の組織化のために活動をしたりすることを意味する。

(7) 1週間の授業プランであり、学習のねらいや内容などを記した「案」である。

コラム

組合教師

中学3年の担任は、「組合教師」であった。社会科の教師である。丸顔で黒メガネ、クンクンと鼻の奥を鳴らしながらしゃべるクセがあった。生徒の面倒見がよく、生徒の声によく耳を傾けてくれた。正義感が強く、まっすぐな教師で、生徒に人気があった。担任に、自転車通学を相談したら、即座に「車には気をつけろよ」と許しをもらった。自宅から学校までを、友人とポンコツ自転車で通った。九州の修学旅行の際には、旅行記録のための8ミリカメラを我々に託し、撮影から編集、上映会まで任せてくれた。学園祭の上映会の会場は図書館で、満員御礼であった。さりげなく、生徒に活躍の場を与えてくれた。

担任は、反基地運動の先頭に立っていて、授業が終わると、沖縄島の北部で行われていた実弾射撃演習の反対運動に向かった。組合の専従になったこともある。最後まで、一中学教師として現場に立ち、管理職を目指さなかった。ほっそりした体つきの担任は、骨太の生き方だった。

おわりに

1．早期退職・普通退職の教師

いま、教師の再任用の道が開かれている。定年を迎えた教師の中には、再任用を得て、初任者（採用試験を合格した1年目の教師）の指導教員になったり、教科指導に汗を流したりしている。自分の経験を後輩につなぎたいという思いの教師もいれば、「退職金や年金が目減りし、これからの生活のために再任用を希望しないとね」と漏らす者もいる。再任用の教師の事情は様々である。現職の校長は、先輩格の元校長が再任用で学校に出入りするものだから、多少、気を遣う場面もあるかもしれない。私は、先輩教師の経験やスキルが、次の世代の教師へ伝わり、アレンジされ、豊かな教育活動が行われることを期待したい。

再任用を希望する者がいる一方で、定年を待たずに退職する教師もいる。中途で退職する教師のことであり、近年は、その数は増加している。精神疾患による離職者が急増しているという報道もあるが、一方で、病気の理由以外で早期退職、普通退職する者もいる。私の周辺では、40代～50代前半の、それこそ活力ある教師が矢継ぎ早に退職した。教師として疲弊し、教師を続けることができなくなったという理由で辞めたのではない。むしろ、人生の新たなステップのために〝脂の乗った〟時期に、教職を辞め、未知なる世界を開拓している。退職したその方々の表情は輝き、開拓精神に溢れていた。教師として将来を嘱望され、また、有能な管理職として期待されていた者の突然の退職は、私自身、驚きであったし、公務員としての教師の職を捨ててまで、人生を賭けるものは何だったのか、という素朴な疑問を持ったものである。次に、早期退職した私の周辺の3名を紹介しよう。

Aさんは、私が小学校教師として在職していた時に知り合い、県教育庁の教育課程の研究会でも一緒だった。一つ年上の先輩教師であった。Aさんは、教科の研究も精力的であったが、情報教育についても詳しく、自ら仲間と研究会を立ち上げ、県内外の大学の研究者ともつながっていた。組織を立ち上げ、運営することが得意であり、面倒見の良い、親分肌的な教師であった。行動的で、いつも周辺には若い教師がいた。教育委員会にも勤め、教育行政の経験を積み重ねていたAさんは、校長職に就いてからも、相変わらず、精力的な研究会活動を進めていた。そのAさんが早期退職したと聞いたときは、非常に驚いた。定年退職まで、まだ数年あったからである。退職後、Aさんは、県外私立大学の通信制の教授職として再出発し、いまでは、ショップ経営など、手腕を発揮している。

Rさんは、私が小学校で勤めていた頃の同僚である。Rさんは他校から理科の専科教員として異動してきた。彼とは一年間、同じ学校に勤めた。翌年、私は他校へ転出した。しばらくして、Rさんが教職を辞め、不動産関係の仕事を始めたことを聞いた。彼が教職を辞めた時は、まだ、

40代前半ではなかっただろうか。教師として働き盛りである。彼ほどの力量のある教師ならば、教育委員会の指導主事や教頭の管理職試験を十分パスできるものと考えていた。Rさんの退職については、知り合いの教師に確かめたほどである。現在、Rさんは、不動産関係の業界で活躍し、小料理屋を経営している。

Iさんは、40代の音楽教師であった。小学校の専科の音楽教師は、吹奏楽の顧問を兼ねることが多い。Iさんの吹奏楽の指導は卓越したもので、度々、県外のコンクールに部員を引率していた。趣味は、占いである。Iさんの空き時間には、女性教師が嬉々として取り囲んだ。〝意外と当たる〟というのが周りの評である。健康志向であり、シャンプーや石鹸は、一般の流通しているものは使用しない。Iさんなりの特別な品々があり、それらを愛用していた。そのIさんが、突然、退職した。周囲から惜しまれつつ、教職の世界とは全く異なる健康づくり教室を始めた。

倍率の高い採用試験に合格し、教職を歩み、定年退職まで勤め上げる教師が多いなか、紹介した3名の早期退職は、これまでの教師のライフステージからすると、イレギュラーなことである。しかも、Aさん、Rさん、Iさんは、教職生活で挫折をして他の業種に転向したのではなく、むしろ、教職の世界では〝やり切った〟感があり、他分野へ挑戦する気概が感じられた。定年後に生活設計を描くのではなく、気力も体力も十分ある40~50代に教職を卒業して、あらたな人生の目標を立てながら（模索しながら）、ひとりの生活者として歩み始めている彼らをみると、羨ましさを感じた。

2．教師の関係性・ネットワーク

学校の職員室は、関係者以外はなかなか入りづらい。

部外者にとっては、独特の空気と敷居の高さを感じる。学校そのものに緊張感を覚える者もいる。卒業生でも気軽に入ることができない。そんな場所が、職員室である。ましてや、学校や教師との関係でイヤな思いを持つ者にとっては、なおさらである。職員室をのぞくと、複数の教師が集まっては話し合いをしていたり、パソコンの画面をにらみ、事務作業をしたりしている。印刷室で大量のプリントをしている教師もいる。子どもの日記にコメントを付けている教師もいる。それぞれの教師が忙しそうに立ち回っているので、声をかけづらい。

だが、その職員室も教師にとっては大切な交流の場である。学校内の教師集団は濃厚な関係性を築いている。1日の大半を学校という限られた空間の中で過ごし、毎日、顔を合わせ、学校行事を含む諸活動は同僚と共に協力して実施しなければならないため、関係性を深める機会は自然と増してくる。けれども、関係性がこじれた場合は、学校という狭い空間ゆえ、お互いに息苦しさを感じ、よそよそしい態度になる。そのこじれた関係性は、人事異動でなくなる。

自分自身、または相手が他校へ転出した時点で、息苦しさは一気になくなる。その意味で、教師の人事異動は、学校の新陳代謝を促し、あらたな関係性を築く機会となっている。その教師の人事異動も興味深い。教師は、ほぼ5年で他校へ異動するため、自然と教師間のネットワークは広がり、初対面でも「以前の学校で○○先生と同学年だったけど、知っている?」などの会話で盛り上がる。教師の噂話はもちろん、飲酒による検挙の報道があると、たちまちのうちに、かなり多くの教師が知るところとなる。親や兄弟姉妹が教師だったり、叔父や叔母が教師だったりすると、それでひとつの話題である。異動の対象の場合、希望調査書には、血縁関係のある教師の勤務先を記述する。同じ学校に勤務することを避けるためである。

学校には、新任の教師のための歓迎会や月見会、運動会の打ち上げ、忘年会や新年会、学校を離れる教師のための離任式などの行事もある。退職者と共に記念旅行をしたり、退職者の初任校から現任校までマラソンリレーでつなぐというイベントを実施したりもする。離任式の日、退職者は、同僚や子ども、保護者から沢山の花やお手紙を頂き、しばらく、自宅は春爛漫《はるらんまん》の香りで華やぐ。「教職生活はけっして楽しいことばかりではなかったけど、無事退職の日を迎えることができて、教師を続けていて良かった」と、目を潤ませながら語る者もいた。

3. 忙しさの中身

中学校や高校の部活動の顧問は、授業が終わると、運動場や体育館、音楽室に向かう。部活動の指導のためである。毎日、生徒と共に汗をかき、週末も部活動に精を出す教師もいる。全く経験のない部活動の顧問を依頼され、平日や休日に「指導のために」時間を割かれ、生徒の前では、不平不満を言えない教師もいる。土日の部活動の手当もわずかな額である。文科省やスポーツ庁は、教師の働き方改革の一環で、教師の多忙化解消のひとつの方策として部活動の地域移行を進めようとしているが、課題は山積である。指導者がみつからない、地域のスポーツクラブに委託した場合、そのクラブ費の負担はすべて個人になるのか、などである。生徒にとってスポーツ・文化活動に出会い、親しむ機会として学校の部活動の意義は大きかった。その部活動が地域へ移行し、地域の指導者などが担う方向で議論されている。ある中学校の教師は、「部活動の指導は、これまで生徒指導の一環として位置づけて行われてきた側面もある。部活動を地域の中で行われると、確かに教師の負担軽減につながるかもしれないが、教師の生徒理解が進まず、学校は〝荒れてしまう〟のではないか」と吐露した。

小学校の教師で部活動（スポーツ少年団の指導）を担当している者は一部である。ただ、1人の教師で複数の教科を持ち、学級を担当していることから、その負担感は、中学校や高校の教師とはちょっと異なる。学級の掲示物の作成、放課後の会議や書類作成、子どものノート点検やテスト採点等に追われている。明日の授業の準備も大切である。小学校の教師は、授業改善に熱心であり、校内での研究授業や公開授業なども盛んである。教師が多忙化し、ひと頃と比べると研究会やサークル活動は低迷しているといわれているが、それでも、全国規模や九州地区規模の研究会の公開授業が開催され、県内外から多数の教師が参加している。その準備も忙しい合間をぬって、である。

教師の仕事は細々あって、特に、事務処理に時間がかかる。他の業種と比較すれば一目瞭然で、デジタル化も遅れている。授業で活用するドリルやノート、テスト代を「学級徴収金」として担任が集め、業者に支払い、領収書を保管し、年度末には保護者に会計報告を行っている。ひとつひとつの細かい業務が重なり、教師の負担が増している。こうした教師の問題状況はいまに始まったわけではないが、関係者やマスコミの報道もあって、ひろく知られるようになった。結果として、全国的に教師のなり手がいない状況が続いている。臨時の教師も足りない。市町村の教育委員会は、新年度が近づくと、臨時の教師の確保で頭が痛い。近年、大学では教員免許状を取得しても、採用試験を受けない若者が沢山いる。若い世代にとって、教職は明るい未来の展望を描くことができない職業として映っているのであろうか。

忙しい教師の中でも、特に、教頭と教務主任は激務である。びっしりと書き込まれた日程や行事表の黒板を後ろにして、職員室の中央に座っているのは、教頭と教務である。教頭は、校長を助ける役割であり、管理職試験を受けて就いている。教務は、職員の中から校長が依頼し、教頭の補佐役となる。バリバリと事務をさばく有能な教務だと、教頭はずいぶん助かる。この2人は、朝早くから学校に出向き、夜遅くまで残っている。週末も出勤して、草花に水をかけ、職員室で黙々と事務をしている姿をみかける。教頭は、様々な問題に対処し、地域からの苦情も相次いで届く。ＰＴＡとの調整もあって、会合には事務局側として出席する。教頭の机の上には固定電話があり、毎日、対応で大わらわである。もちろん、問題が起こると、校長との相談も欠かせない。最近は、学校の固定電話は、勤務時間終了後、自動音声対応電話機に切り替わっている。働き方改革の一環によるものだが、このシステム導入について地元の教育委員会や学校に保護者からの苦情は特にない。

さて、校長と教頭は管理職なので、管理職手当がつく。しかし、教務は、管理職手当はない。教務の仕事は多岐にわたり、拘束時間も長いが、1日に付き、わずか200円の手当であり、月額4､000円程度である。この手当の正式名は、「教育業務連絡指導手当」という、あまりにも安い日額手当である。通常、「主任手当」と呼んでいる。教務主任のほかに、学年主任、生徒指導の主任等がいるが、この手当で過重な仕事をしている。また、「教職調整額」という手当があって、これは、管理職をのぞいてすべての教師に支給されている。毎月、基本給の4％の加算である。この手当を支給しているため、残業手当はつかない。20万円の基本給であれば、20万円×0.04＝8、000円の手当である。定時で帰宅しても、夜遅くまで残っていても、一律、「教職調整額」の支給はある。この「教職調整額」は、「定額働かせ放題」の元凶になっているので、文科省の諮問機関である中央教育審議会特別部会は改善を含めて検討を始めたが、4％支給から10％以上の支給の方向でとりまとめている。支給割合の増額ではなく、教師の働きやすい環境の整備を第一に考えるべきだと思うが、実際の議論は、全く異なるようである。

佐藤学（元日本教育学会長／学習院大学）は、教師の仕事の無定量性と無制限性について言及しているが、現場の教師は、その仕事の〝限りのなさ〟については、重々知っていたことである。だからこそ、やっと学校や教師の世界にも、「働き方改革」が議論されてきたが、残念ながら、この改革の現状は、〝さざ波〟程度である。働き方改革の一環で、部活動の指導に外部人材を活用する施策も始まっているが、まだ、ごく一部の自治体や学校のみの取り組みに止まり、部活担当の教師の負担軽減には程遠い現状である。抜本的な学校の職場環境の改善のためには、まだまだ、時間がかかりそうである。

職員室には実に様々な教師がいる。採用された時に組合に加入し、退職まで活動をしていた教師がいる。共に組合活動をしてきた仲間も、50代に入ると次々と組合を抜け、管理職になった。

退職まで組合員であったその教師は、「時代は確実に変わったね」とポツリと漏らした。30代から管理職を目指す者もいれば、50代に入り周辺から管理職試験を勧められても、授業や子どもとのかかわりが好きという理由で試験を受けない者もいる。目の前の子どもの教育活動に関心がいき、管理職試験との間で葛藤を抱えている教師もいる。子どもや職員との関係に悩み、心身が疲れ、疲弊している教師もいる。保護者対応で疲れ果て、病休をとった教師もいる。日々、教材研究に余念がなく、書籍を購入し、身銭を切って県外の研究会に出向く教師もいる。このように、世代も考え方も、生活経験も、教職にかける熱意も異なる教師が、職員室に集い、教室で授業を行い、子どもに向き合っている。

この小さな本は、ある特定の沖縄の教師を紹介しただけのものである。沖縄の教師のあり様を余すところなく伝えるものとはなっていない。ただ、職員室に集う教師の背景は実に様々でありながらも、子どもを前に共同的に実践をすることを求められている。これからも、現場の教師の声に耳を傾け、彼らがどのような思いで子どもと向かい、授業に向かい、そして自身と向かい合っているのか、その語りに耳を傾けたい。

なお、小著の内容は、すでに活字化され発表されたものも含んでいる。以下、【初出一覧】を掲げているが、本書収録にあたり、一部、加筆補正していることをお断りしておく。

【初出一覧】

〈第1章〉県外出身の沖縄の教師

「県外出身の沖縄の教師」（沖縄女性研究者の会『研究論集』第12号、令和元年）

〈第2章〉異業種経験の教師—営業、マーチング、煙草代—

「異業種経験の教師—営業、マーチング、煙草代—」（沖縄市・談笑会編『談笑』第23号、新星出版、令和元年）

〈第3章〉臨時教師のいま

「臨時教師のいま」（沖縄市・談笑会編『談笑』第28号、新星出版、令和6年）

〈第4章〉復帰・組合・研究会

「復帰時の学校と社会科教育研究会 — 宮城盛雄 —」書き下ろし

「ある小学校教師の回想 — 桃原蓉子の話を聞く —」（沖縄大学地域研究所紀要『地域研究』第31号、令和6年3月）

「教科書から『政治』と『教育』の関係を学んだ — 寺田光枝 —」（沖縄大学地域研究所紀要『地域研究』第31号、令和6年3月）

〈著者紹介〉

嘉納英明（かのう ひであき）

1963（昭和38）年、沖縄市（旧コザ市）生まれ。

平成元年度に兼原小学校教諭に採用され、琉球大学教育学部附属小学校などを経て、現在、名桜大学国際学部教授。

研究分野は、戦後沖縄教育史。

〈主な著作〉

- ○『戦後沖縄教育の軌跡』那覇出版社、1999年（単著）
- ○『沖縄の子どもと地域の教育力』エイデル研究所、2015年（単著）
- ○『子どもの貧困問題と大学の地域貢献』沖縄タイムス、2017年（単著）
- ○ 文・かのうひであき　絵・すずきちかこ『82さいの中学生はっちゃん』沖縄時事出版社、2018年（第39回沖縄タイムス出版文化賞／児童部門賞）

他多数

沖縄の教師の語り

2024年10月23日　初版第1刷発行
著　者　嘉納 英明
発行所　新星出版株式会社
〒901-0001
沖縄県那覇市港町2-16-1
電　話　(098)866-0741
ＦＡＸ　(098)863-4850
印　刷　新星出版株式会社

ISBN978-910937-26-7 C0037
定価はカバーに表示してあります。